Slow Cooking 2023

Utforska den långsamma matlagningens konst för smakrika måltider

Simon Sjöberg

Sammanfattning

Bönkex 11
Röd bönsoppa, ris och korv 12
Kreolsk lammsoppa 13
Södra majs och bönchowder med bönkex 15
Grönsakssoppa Med Chili Chips 16
Peppar Potatischips 17
Mexikansk kycklinglimesoppa 18
Räk- och svartbönsoppa 20
Sopa de Casa 21
Kryddig Fläsk Och Kycklingsoppa 22
Mexikanska köttbullar 24
Mexikansk köttbullsoppa 25
Fransk löksoppa 26
Mexikansk kyckling och majssoppa 27
El Paso fläsk och sockermajs soppa 28
Fransk grönsakssoppa 29
Vit Bön Och Löksoppa 30
Provensalsk vitbönsoppa 31
Blandad örtpesto 32
minestrone 33
Vårsoppa 34
Minestrone kikärter och pasta 36
Köttlig minestrone 37

Gratäng Vegetarisk Minestrone 39

Rejäl Minestrone Med Paprika 41

Italiensk grönsakssoppa 42

Kikärtssoppa och couscous 43

portugisisk soppa 45

pasta och bönor 46

Cannellini och italiensk kålsoppa 47

Siciliansk sommar tomatsoppa 48

Röd och vit bönsoppa med pancetta och pasta 50

Cannellini bön- och pastasoppa 50

Italiensk köttbullsoppa 51

Italienska kalkonköttbullar 52

Italiensk svamp- och kornsoppa 53

Kålsoppa Och Ravioli 54

Curry köttbullar 55

Currysoppa Med Köttbullar 56

mulligatawny 57

Indisk stil potatis och spenatsoppa med kyckling 58

Indisk linssoppa 59

Kryddad kycklingsoppa 60

Rysk kålsoppa 61

Rejäl soppa av nötkött och grönsaker 62

Gräddfil med dill 63

Kål Och Grönsakssoppa 64

Biffborsch 65

Borsjtj med korv 66

Rysk borsjtj 67

Östeuropeisk borsch 68
Gulaschsoppa 70
Gulaschbönsoppa 72
Kryddig kycklingsoppa i nordafrikansk stil 73
Baskisk grönsakssoppa 74
Orientalisk soppa med nudlar och kyckling 76
Öst möter väst soppa 78
Chili wontons 79
Kyckling Wonton Soppa 80
Kyckling wontons 81
Syrlig sås 82
Het och sur soppa 83
Asiatisk Svampsoppa Med Soba Nudlar 85
Asiatisk shiitake och nudelsoppa 87
Chilikyckling med apelsinkorianderris 88
Ris med apelsin och koriander 89
Vit chili 90
Tomatsås 92
Söt och kryddig peppar 93
Stekt chili 94
Kalifornisk peppar 95
Stor röd chili 96
Peperoncino bondgård 97
Majs och bönor med kött 98
Majs chips 99
Chili med squash och bönor 100
Chili Blizzard 102

Familjens favoritpeppar ... 103
Cincinnati chili ... 104
Chunky chili för en publik ... 106
Macho chili ... 108
Chili med nötkött ... 110
Flan av nötkött och grönsaker ... 112
Nötkött och svamp ... 113
Nötkött med potatis och ris ... 114
Nötkött och pumpa med Polenta ... 116
Vinbräserad oxgryta ... 117
Rosmarinbiffgryta ... 119
Höstbiff och sötpotatisgryta ... 121
Grillad middag av nötkött och bönor ... 122
Paprika ryggbiffsgryta med gräddfil ... 122
Stroganoff av nötfärs och grönsaker ... 123
Nötkött med spiskummin och chili ... 125
Bourgogne nötkött ... 127
Biff Stroganoff ... 129
Krämig nötköttstroganoff med ris ... 130
Nötkött och svampstroganoff ... 131
Nötkött Ragout ... 132
Gulasch av nötkött ... 133
Ungersk gulasch ... 134
Biffgryta med portvin ... 135
Ungerskt nötkött ... 137
Italiensk nötköttgryta ... 138
Five Spice Beef Gryta ... 140

Asiatiskt nötkött med sesamnudlar 141

Sesamnudlar 143

Teriyaki Biff och Broccoli 143

Mellanöstern nötkött och bönor Hot Pot 144

Biff curry gryta med gräslök scones 145

Grekiskt nötkött med linser 146

Romerska Köttbullar Med Pasta 147

romerska köttbullar 148

pasta med köttsås 149

Stek i tomatsås 151

Trädgårdsgrönsaker med rejäla köttbullar 152

Saltad nötkött och rödkål 154

Kalvkött med salvia 155

Kalvsoppa med ärtor och svamp 156

Marsala kalvkött 158

Kalvkött paprikash och grönsaker 159

Kalvkött i vin 161

Saltat kalvkött med spiskummin 162

Kalvkött Sauvignon 163

Kalvkött medelhavsstil 164

Kalvköttbullar Med Gräddfilssvampsås 165

Kalvköttbullar 165

bräserat kalvkött 166

Fläskkarré Fylld Med Frukt 167

Mjölkbräserad fläskkarré 170

Fläskbullar 171

Helstekt fläsk med mangochutney 172

Mangosylt 173
Fläskkarré Med Senapssås 174
senapssås 175
Fläskstek med marmeladsås ti 176
Syltsås 177
Fläskkarré Med Löksås 178
Fläskkarré med ingefära tomatsås 180
Ingefära tomatdressing 181
Fläskkarré med tranbärscoulis 182
Tranbärscoulis 182
Fläskkarré med konjak konjak körsbärssås 183
Brandy körsbärssås 184
Grillad Fläskaxel Med Nudlar 185
Fläsk med salta örter 186
Teriyaki fläsk 187
fläsk tacos 188
Fläskkotletter Med Selleri 189
Portabella fläskkotletter 190
Fläskkotletter med aprikossås och hoisin 191
Fläskkotletter med salvia 192
Fläsk med katrinplommon 193
Fläsk med päron och aprikoser 194
Fläsk i bondestil med plommonsås 195
Apelsin skinka och honung 196
Fläsk Ragout Och Pumpa 197
Hälsosamt vitlöksbröd 198
Fläsk med paprika och zucchini 199

Fläsk med kronärtskockor och vita bönor 201
Peppar fläsk i vitt vin 202
Österrikiskt fläsk med äpplen och tranbärssås 203
Fläsk Ragout Med Apelsin 204
Grillat fläsk 205
Fläskkarré med Gremolata 206
Gremolata 207
Kantonesiskt fläsk 208
Gyllene curry fläsk 210
Karibiskt fläsk med ingefära och bönor 212

Bönkex

Läckra kakor från södra delstaterna i USA.

Serverar 6 som tillbehör

75 g/3 oz 00 mjöl
2 teskedar bakpulver
1½ tesked socker
¼ tesked salt
40 g vitt vegetabiliskt fett
½ x 400 g/14 oz cannellinibönor, avrunna och sköljda
3 matskedar skummjölk

Blanda mjöl, bakpulver, socker och salt i en medelstor skål. Skär det vita grönsaksfettet i en grov smulliknande blandning. Bearbeta bönorna och mjölken i en matberedare eller mixer tills de är nästan slät. Tillsätt till mjölblandningen och blanda tills degen går ihop. Häll upp smeten på en osmord plåt. Grädda i 190°C/gas 5/luftugn 170°C tills de är gyllenbruna, ca 12 minuter.

Röd bönsoppa, ris och korv

Det är den rökta korven som ger en kant åt denna lätta men mättande soppa.

Serverar 6

1,2 liter/2 pints kycklingbuljong
2 burkar med 400 g/14 oz röda bönor, avrunna och sköljda
400 ml/14 fl oz färdig tomatsås
175 g rökt korv, skivad
1 liten morot, tärnad
1 liten stav selleri, tärnad
½ liten röd paprika, tärnad
1 stor lök, finhackad
1 vitlöksklyfta, krossad
¼ tesked torkad timjan
1 lagerblad
65 g lättkokt långkornigt ris
salt och nymalen svartpeppar efter smak

Kombinera alla ingredienser, utom ris, salt och peppar i en 5,5 liter långkokare. Täck över och koka på full effekt i 4-5 timmar, tillsätt riset under de sista 2 timmarna. Släng lagerbladet och smaka av med salt och peppar.

Kreolsk lammsoppa

Lammet lagar mat med läcker ömhet accentuerad av örter och senap.

Serverar 6

1 liter/1¾ pints nötbuljong
700 g färdig eller mosad tomatsås
450 g/1 lb mager lammgryta, i tärningar (1 cm/½ tum)
2 lökar, hackade
1 zucchini, hackad
½ grön paprika, hackad
1 st selleri, finhackad
2 stora vitlöksklyftor, krossade
1 lagerblad
1 tsk torr mejram
½ tsk torkad timjan
½ tesked torkad basilika
¼ tesked torrt senapspulver
65 g lättkokt långkornigt ris
salt och nymalen svartpeppar efter smak
Tabascosås, efter smak

Kombinera alla ingredienser, utom ris, salt, peppar och Tabascosås, i en 5,5-quart långkokare. Täck över och koka på låg värme i 6-8 timmar, tillsätt riset under de sista 2 timmarna. Kasta lagerbladet. Krydda med salt och peppar. Servera med tabascosås.

Södra majs och bönchowder med bönkex

Rökt chipotlepeppar, tillgänglig från specialleverantörer, ger denna soppa en unik smak, även om rätten också kan göras med färsk chili. Servera med fuktiga och salta kex gjorda med bönpuré.

Serverar 6

1,5 liter/2½ pints rik kycklingfond eller kycklingfond

2 burkar 400 g/14 oz cannellinibönor, avrunna, sköljda och grovt mosade

225 g/8 oz sockermajs, tinad om den är fryst

2 lökar, hackade

1 hackad röd paprika

1 vitlöksklyfta, krossad

¼–½ liten chipotlepeppar i adobo, eller ½ varm paprika, hackad

1 tsk torkad timjan

salt och nymalen svartpeppar efter smak

120ml/4 fl oz gräddfil

Bönkex (se nedan)

Kombinera alla ingredienser, utom salt, peppar, gräddfil och Bean Cookies, i en 5,5 quart/9½ pint slow cooker. Täck över och koka på full effekt i 4-5 timmar. Krydda med salt och peppar. Garnera varje skål med soppa med klick gräddfil och servera med Bean Cookies.

Grönsakssoppa Med Chili Chips

Denna grönsakssoppa är förstärkt med en garnering av färsk koriander.

Serverar 8

2,25 liter/4 pints grönsaksfond

4 lökar, skivade

2 stora morötter, skivade

175 g/6 oz svamp, skivad

350 g/12 oz vaxartad potatis, oskalad och tärnad

400 g/14 oz tomater, hackade

3 stora vitlöksklyftor, krossade

2 tsk torkad oregano

1 tsk malen spiskummin

¼ tesked krossade rödpepparflingor

salt och nymalen svartpeppar efter smak

Peppar Potatischips

15 g/½ oz hackad färsk koriander

Kombinera alla ingredienser, utom chilichips och koriander, i en 5,5-quart/9½-pints slow cooker. Täck över och koka på full effekt i 4-5 timmar. Krydda med salt och peppar. Strö varje skål med soppa med chili crisps och färsk koriander.

Peppar Potatischips

Krispiga tortillachips till såser eller soppor.

Serverar 8 som tillbehör

3 majstortillas (15 cm/6 tum)
olivolja matlagning spray
½ tsk vitlökspulver
½ tsk chilipulver

Spraya båda sidor av tortillorna med matlagningsspray. Strö topparna med vitlök och chilipulver. Skär tortillorna på mitten och sedan i tunna strimlor. Lägg upp på en plåt och grädda i 220ºC/gas 7/luftugn 200ºC tills de är knapriga, ca 10 minuter.

Mexikansk kycklinglimesoppa

Lätt kryddad med lime och färsk koriander, denna soppa är fullpackad med kyckling och grönsaker.

Serverar 8

2,25 liter/4 pints kycklingfond
700 g kycklingbröstfiléer utan skinn, i tärningar
2 stora tomater, skalade, urkärnade och hackade
100 g/4 oz sockermajs, tinad om den är fryst
1 zucchini, tärnad
1 lök, hackad
½ grön paprika, hackad
2 msk hackad färsk koriander
2 matskedar limejuice
salt och nymalen svartpeppar efter smak
4 majstortillas (15 cm/6in), var och en skuren i 10 klyftor
grönsaksmatlagning spray grönsak
tunna skivor lime, till garnering

Kombinera fonden, kycklingen och grönsakerna i en 5,5-quart/9½-pint långkokare. Täck över och koka på låg värme i 6 till 8 timmar, rör ner färsk koriander och limejuice under de sista 30 minuterna. Krydda med salt och peppar.

Spraya tortillorna lätt med matlagningsspray och blanda. Koka i en lätt smord stor stekpanna på medelvärme tills de fått färg och är krispiga, cirka 5 minuter. Lägg tortillaklyftorna i åtta soppskålar och häll över soppan. Ordna limeskivorna ovanpå.

Räk- och svartbönsoppa

Oregano, timjan, spiskummin och mycket vitlök ger denna soppa ett stort genomslag. Försök att använda röda bönor istället för svarta bönor för en omväxling.

Serverar 6

1,2 liter/2 pints kycklingbuljong
2 x 400 g/14 oz burkar svarta bönor, avrunna och sköljda

2 lökar, hackade

2 tomater, skurna i klyftor

4 vitlöksklyftor, krossade

1 tsk torkad oregano

1 tsk torkad timjan

1 tsk malen spiskummin

1 lagerblad

225 g råa räkor, skalade

salt och nymalen svartpeppar efter smak

hackad färsk koriander, till garnering

Kombinera alla ingredienser, utom räkor, salt och peppar i långsam kokare. Täck över och koka på hög värme i 4-5 timmar, tillsätt räkorna under de sista 15 minuterna. Kasta lagerbladet. Krydda med salt och peppar. Strö varje skål med soppa med färsk koriander.

Sopa de Casa

Krämig majs och ost ger denna soppa en behagligt slät konsistens.

Serverar 6

400 ml kycklingbuljong

350 g/12 oz sockermajs, tinad om den är fryst

100 g/4 oz konserverad grön chili, hackad

450 g kycklingbröstfiléer utan skinn, i tärningar (2 cm)

2 hackade lökar

1 stor tomat, hackad

½ jalapeño eller annan het paprika, finhackad

2 stora vitlöksklyftor, krossade

¾ tesked torkad oregano

½ tsk malen spiskummin

250ml/8 fl oz helmjölk

100 g/4 oz Monterey Jack eller mild cheddarost, riven

salt och nymalen svartpeppar efter smak

Bearbeta kycklingbuljongen och 175 g/6 oz sockermajs i en matberedare eller mixer tills den är slät. Kombinera den mosade majsen och de återstående ingredienserna, utom mjölken, osten, saltet och pepparna, i långsamkokaren. Täck över och koka på låg värme i 6-8 timmar, tillsätt mjölken de sista 30 minuterna. Rör ner osten, rör om tills den smält. Krydda med salt och peppar.

Kryddig Fläsk Och Kycklingsoppa

Garnera med tunt skivade grönsaker för en färgglad middag.

Serverar 4

2 ancho eller annan het paprika, frön och ådror kasseras

250 ml/8 fl oz kokande vatten

750 ml/1¼ pints kycklingbuljong

225 g/8 oz fläskkarré, i tärningar

225 g/8 oz skinnfria kycklingbröstfiléer, i tärningar

Burk med 400 g/14 oz hackade tomater

400 g/14 oz burk pintobönor, avrunna och sköljda

2 lökar, hackade

1 vitlöksklyfta, krossad

½ tsk torkad oregano

½ tsk torkad timjan

salt och nymalen svartpeppar efter smak

6 limeklyftor

garnering: tunt skivad sallad, kål, vårlök, rädisa, riven morot

Täck chilin med kokande vatten i en liten skål. Låt stå tills det mjuknat, ca 10 minuter. Bearbeta chili och vatten i en matberedare eller mixer tills det är slätt. Kombinera chiliblandningen och resten av ingredienserna förutom salt, peppar och limeklyftor i långsamkokaren. Täck över och koka på låg i 6-8 timmar. Krydda med salt och peppar. Servera med limeklyftor och garnering.

Mexikanska köttbullar

De är fantastiska med vilken kryddig soppa som helst.

För 24 köttbullar

450 g/1 lb magert nötfärs

15 g/½ uns ris, kokt

1 liten lök, finhackad

1 vitlöksklyfta, krossad

½ tesked torkad mynta

½ tsk torkad oregano

½ tsk malen spiskummin

½ tsk salt

tesked peppar

Blanda alla ingredienser i en skål. Forma 24 små köttbullar med blandningen.

Mexikansk köttbullsoppa

En storfavorit i Mexiko, denna soppa är traditionellt kryddad delikat med mynta.

Serverar 4

750 ml/1¼ pints kycklingbuljong

450 ml/¾ pint tomatjuice

450ml/¾ pint vatten

Mexikanska köttbullar (se ovan)

2 zucchini, skivade

1 lök, hackad

1 morot, hackad

2 vitlöksklyftor, krossade

1 liten jalapeño eller annan medelvarm paprika, kasserade frön och vener, finhackad

1½ tesked torkad mynta

salt och nymalen svartpeppar efter smak

Blanda alla ingredienser, utom salt och peppar, i långsam kokare. Täck över och koka på full effekt i 4-5 timmar. Krydda med salt och peppar.

Fransk löksoppa

Att sautera löken i smör ger denna soppa dess fyllighet och fylliga, traditionella smak.

Serverar 4

450 g lök, tunt skivad

1-2 matskedar smör eller margarin

½ tsk torrt senapspulver

2 teskedar mjöl

1 liter/1¾ pints Doftande nötbuljong eller nötbuljong

120 ml/4 fl oz torrt vitt vin (valfritt)

salt och nymalen svartpeppar efter smak

4 skivor franskbröd, rostat

50 g nyriven parmesan

Koka löken i smöret i en stor stekpanna på medelhög värme tills de är gyllenbruna, 15 till 20 minuter. Rör ner senap och mjöl och koka i 1-2 minuter.

Kombinera lökblandningen och de återstående ingredienserna, förutom salt, peppar, bröd och ost, i långsamkokaren. Täck över och koka på låg i 6-8 timmar. Krydda med salt och peppar. Strö brödet med ost. Grilla tills det smält, 1 till 2 minuter. Garnera varje tallrik soppa med brödskivorna.

Mexikansk kyckling och majssoppa

Monterey Jack ost ger rikedom till denna kycklingbaserade soppa.

Serverar 8

1 liter/1¾ pints rik kycklingbuljong eller kycklingbuljong

450 g kycklingbröstfiléer utan skinn, i tärningar

225 g/8 oz sockermajs, tinad om den är fryst

3 lökar, hackade

1 röd eller grön paprika, hackad

1 liten jalapeño eller annan het paprika, finhackad

1 vitlöksklyfta

1 tsk malen spiskummin

salt och nymalen svartpeppar efter smak

100–175 g/4–6 oz Monterey Jack eller mild cheddarost, riven

Kombinera alla ingredienser, utom salt, peppar och ost, i långsamkokaren. Täck över och koka på låg i 6-8 timmar. Krydda med salt och peppar. Tillsätt osten, rör om tills den smält.

El Paso fläsk och sockermajs soppa

Om du inte kan få en poblanopeppar, kommer vilken mild sort som helst att vara ett acceptabelt substitut.

Serverar 8

1 liter/1¾ pints rik kycklingbuljong eller kycklingbuljong
450 g/1 lb magert fläsk, i tärningar
225 g/8 oz sockermajs, tinad om den är fryst
3 lökar, hackade
1 liten poblano paprika
1 liten jalapeño eller annan het paprika, finhackad
1 vitlöksklyfta
1 tsk malen spiskummin
salt och nymalen svartpeppar efter smak
100 g/4 oz smulad fetaost

Kombinera alla ingredienser, utom salt, peppar och ost, i långsamkokaren. Täck över och koka på låg i 6-8 timmar. Krydda med salt och peppar. Bred varje portion med fetaost.

Fransk grönsakssoppa

Tillagad med kalvbuljong, kalvtärningar och massor av färska grönsaker är denna soppa en speciell njutning.

Serverar 8

2,25 liter/4 pints Kalvfond eller kycklingfond
Burk med 400 g/14 oz hackade tomater
450 g/1 lb magert stuvad kalvkött, i tärningar
250 g potatis, skalad och tärnad
150 g/5 oz franska bönor, skurna i korta bitar
100 g/4 oz blomkålsbuketter
1 lök, hackad
1 st selleri, skivad
1 morot, skivad
1 tsk torkad timjan
½ tesked torkad rosmarin
175 g/6 oz små broccolibuketter
100g/4oz frysta ärtor, tinade
salt och nymalen svartpeppar efter smak

Kombinera alla ingredienser, utom broccoli, ärtor, salt och peppar, i en 5,5 liter långkokare. Täck över och låt sjuda i 6-8 timmar, tillsätt broccolin och ärtorna de sista 20-30 minuterna. Krydda med salt och peppar.

Vit Bön Och Löksoppa

Manchegoosten kommer från Spanien och är en fin finish i detta recept, men du kan använda en annan medelfast vit ost istället.

Serverar 4

450 g lök, tunt skivad
1-2 matskedar smör eller margarin
½ tsk torrt senapspulver
2 teskedar mjöl
400 g burk vita eller cannellinibönor, avrunna och sköljda
1 liter/1¾ pints Doftande nötbuljong eller nötbuljong
120 ml/4 fl oz torrt vitt vin (valfritt)
½ tesked torkad rosmarin
¼ tesked torkad timjan
salt och nymalen svartpeppar efter smak
4 matskedar riven Manchego ost

Koka löken i smöret i en stor stekpanna på medelhög värme tills de är gyllenbruna, 15 till 20 minuter. Rör ner senap och mjöl och koka i 1-2 minuter.

Kombinera lökblandningen och de återstående ingredienserna, förutom salt, peppar och ost, i långsamkokaren. Täck över och koka på låg i 6-8 timmar. Krydda med salt och peppar. Strö varje portion med 1 matsked av osten.

Provensalsk vitbönsoppa

Servera focaccia varm som det perfekta tillbehöret till denna örtsoppa.

Serverar 8

1,5 liter/2½ pints grönsaksfond
450ml/¾ pint vatten
450 g torkade cannellinibönor eller vita bönor
2 lökar, hackade
1 stor selleristav, hackad
3 vitlöksklyftor, krossade
2 tsk torkad salvia
3 stora skalade tomater, skurna i bitar
2 teskedar citronsaft
salt och nymalen svartpeppar efter smak
Blandad örtpesto (se nedan)

Kombinera alla ingredienser, utom tomater, citronsaft, salt, peppar och blandad örtpesto, i en 5,5 liter långkokare. Täck över och koka på låg värme tills bönorna är mjuka, 7 till 8 timmar, tillsätt tomater och citronsaft under de sista 30 minuterna. Krydda med salt och peppar. Rör 1 matsked av den blandade örtpeston i varje skål med soppa.

Blandad örtpesto

Rör ner detta i soppor och grytor för extra smak.

Serverar 8 som tillbehör

15 g/½ oz färska basilikablad

15 g/½ oz färsk persiljekvistar

10 g/¼ oz färska oreganoblad

3 vitlöksklyftor

2-3 matskedar nyriven parmesan

2-3 matskedar hackade valnötter

2-3 matskedar olivolja

2 teskedar citronsaft

salt och nymalen svartpeppar efter smak

Blanda de aromatiska örterna, vitlöken, parmesanen och valnötterna i en matberedare, tillsätt gradvis oljan och citronsaften tills du får en mycket finhackad blandning. Krydda med salt och peppar.

minestrone

Gör denna chunky soppa, som innehåller kuber av nötkött, mittpunkten i en italiensk familjemiddag. Servera med blandad sallad och krutonger.

Serverar 8

2,25 liter/4 pints nötbuljong

2 burkar 400 g/14 oz cannellinibönor, avrunna och sköljda

175 g/6 oz tomatpuré

1 lb/450 g mager bräserad biff, tärnad (2 cm)

350g/12oz zucchini, grovt tärnad

225 g kål, hackad

1 stor lök, hackad

2 morötter, skivade

2 vitlöksklyftor, krossade

2 lagerblad

1 msk torkad italiensk örtkrydda

350 g/12 oz kokta armbågsmakaroner

salt och nymalen svartpeppar efter smak

Kombinera alla ingredienser, utom makaronerna, salt och peppar i en 5,5 liter långkokare. Täck över och koka på låg värme i 6-8 timmar, tillsätt makaronerna under de sista 15 minuterna. Kasta lagerbladen. Krydda med salt och peppar.

Vårsoppa

Denna version av den berömda italienska soppan är ett medley av grönsaker och har kikärter för att göra den fyllig.

Serverar 8

1,2 liter/2 pints grönsaksfond
400 g/14 oz burk kikärter, avrunna och sköljda
225 g/8 oz grönkål, grovt riven eller finhackad
Burk med 400 g/14 oz hackade tomater
150 g/5 oz franska bönor, skurna i korta bitar
6 små färskpotatisar, tvättade och i fjärdedelar
2 små lökar, hackade
75 g purjolök (endast den vita delen), tunt skivad
2 små morötter, skivade
1 tsk torkad italiensk örtkrydda
130 g små broccolibuktor
75 g/3 oz frysta ärtor, tinade
100 g/4 oz makaroner, kokta
25 g/1 oz finhackad persilja (valfritt)
salt och nymalen svartpeppar efter smak
färsk riven parmesan, till garnering

Kombinera alla ingredienser, utom broccoli, ärtor, makaroner, persilja, salt och peppar, i en 5,5 liter långkokare. Täck över och koka på låg värme i 6 till 8 timmar, tillsätt broccolin, ärtorna och makaronerna under de sista 30 minuterna. Rör ner persiljan. Krydda med salt och peppar. Strö varje tallrik soppa med parmesanost.

Minestrone kikärter och pasta

Smaksatt med rökt skinka är denna grönsaks- och kikärtssoppa rejäl och smakar fantastiskt.

Serverar 6

1,5 liter/2½ pints kycklingbuljong
400 g/14 oz burk kikärter, avrunna och sköljda
400 g/14 oz burk örttomater, grovt hackade, med juice
100–150 g/4–5 oz rökt skinka, tärnad
225 g kål, hackad
1 stor lök, hackad
2 stora morötter, tunt skivade
2 selleristjälkar, tunt skivade
2 vitlöksklyftor, krossade
1 msk torkad italiensk örtkrydda
25 g/1 uns korn
salt och nymalen svartpeppar efter smak

Kombinera alla ingredienser, utom korn, salt och peppar i en 5,5 liter långkokare. Täck över och koka på låg värme i 6-8 timmar, tillsätt kornet under de sista 20 minuterna. Krydda med salt och peppar.

Köttlig minestrone

Kombinationen av nötköttstärningar och fläskkorvbitar gör den här soppan enkel och väldigt mättande.

Serverar 8

1,5 liter/2½ pints nötbuljong

400 g burk cannellinibönor, avrunna och sköljda

Burk med 400 g/14 oz hackade tomater

700 g mager biff för stuvning eller bräsering, i tärningar

100g/4oz örtfläskkorv, skuren i bitar

1 stor lök, hackad

1 st selleri, skivad

2 morötter, skivade

2 vitlöksklyftor, krossade

2 tsk torkad basilika

1 tsk torkad oregano

1 lagerblad

275 g/10 oz franska bönor, skurna i korta bitar

50g rotini eller skalpasta, kokt

salt och nymalen svartpeppar efter smak

färsk riven parmesan, till garnering

Kombinera alla ingredienser, utom pasta, salt och peppar i en 5,5-quart/9½-pint långkokare. Täck över och koka på låg värme i 6-8 timmar, tillsätt pastan under de sista 15 minuterna. Kasta lagerbladet. Krydda med salt och peppar. Strö varje tallrik soppa med parmesanost.

Gratäng Vegetarisk Minestrone

Minestronesopporna är för goda för vegetarianer att missa. Detta är lika tillfredsställande som en som är gjord med köttätare i åtanke.

Serverar 8

1,5 liter/2½ pints grönsaksfond

400 g burk cannellinibönor, avrunna och sköljda

400 g/14 oz burk röda kidneybönor, avrunna och sköljda

Burk med 400 g/14 oz hackade tomater

1 stor lök, hackad

1 st selleri, skivad

2 morötter, skivade

1 stor zucchini, tärnad

2 vitlöksklyftor, krossade

2 tsk torkad basilika

1 tsk torkad oregano

1 lagerblad

275 g/10 oz franska bönor, skurna i korta bitar

50g rotini eller skalpasta, kokt

8 skivor franskbröd

225 g/8 oz mozzarella, riven

salt och nymalen svartpeppar efter smak

hackad färsk persilja, till garnering

Kombinera alla ingredienser, förutom pastan, salt, peppar, franskbröd och ost, i en 5,5 liter långkokare. Täck över och koka på låg värme i 6-8 timmar, tillsätt pastan under de sista 15 minuterna. Rosta franskbröd under grillen. Strö varje skiva med 2 matskedar av mozzarellan och grilla tills den smält, 1 till 2 minuter. Ta bort lagerbladet och krydda soppan efter smak med salt och peppar. Fördela i skålar och garnera var och en med en brödskiva och ett stänk hackad persilja.

Rejäl Minestrone Med Paprika

Paprikan ger djup till denna fylliga soppa. Servera med krutonger och en sallad för en enkel och mättande middag.

Serverar 4

1,5 liter/2½ pints kycklingbuljong
2 burkar med 400 g/14 oz datterini-tomater
400 g burk cannellini eller borlottibönor, avrunna och sköljda
1 stor lök, hackad
1 stjälkselleri, grovt tärnad
1 röd paprika, grovt tärnad
2 morötter, grovt hackade
2 zucchini, grovt hackade
2 vitlöksklyftor, krossade
50 g pepperoni eller hård salami, fint tärnad
1 msk torkad italiensk örtkrydda
90 g kokta armbågsmakaroner
salt och nymalen svartpeppar efter smak

Kombinera alla ingredienser, utom makaronerna, salt och peppar i en 5,5 liter långkokare. Täck över och koka på låg värme i 6-8 timmar, tillsätt makaronerna under de sista 15 minuterna. Krydda med salt och peppar.

Italiensk grönsakssoppa

Snabbmat, plus några grönsaker du kanske redan har, gör den här soppan så lätt att sätta ihop.

Serverar 8

1,5 liter/2½ pints grönsaksfond
2 burkar 400 g/14 oz cannellinibönor, avrunna och sköljda
400 g/14 oz färdig tomatsås
175 g/6 oz collard greener, strimlad
2 lökar, hackade
1 stor morot, skivad
1 vitlöksklyfta, krossad
1 tsk torkad italiensk örtkrydda
450 g/1 lb blandad broccoli, sockermajs och fryst röd paprika, tinad
salt och nymalen svartpeppar efter smak
Krispiga krutonger eller vitlökskrutonger, till garnering

Kombinera alla ingredienser, förutom de tinade grönsakerna, salt och peppar, i en 5,5-quart/9½-pints slow cooker. Täck över och koka på full effekt i 4-5 timmar, tillsätt de tinade grönsakerna under de sista 20 minuterna. Krydda med salt och peppar. Dela krutongerna i skålar och häll sedan soppan över dem.

Kikärtssoppa och couscous

Couscous är en traditionell följeslagare till kikärter i denna fyllda soppa.

Serverar 6

1,2 liter/2 pints grönsaksfond
Burk med 400 g/14 oz hackade tomater
400 g/14 oz burk kikärter, avrunna och sköljda
1 zucchini, tärnad
100 g/4 oz små blomkålsbuketter
½ medelstor grön paprika, tärnad
1 lök, hackad
1 st selleri, finhackad
1 stor morot, hackad
1 lagerblad
1 vitlöksklyfta, krossad
¾ tesked mald spiskummin
¾ tesked torkad timjan
en generös nypa mald kryddnejlika
50 g couscous
salt och nymalen svartpeppar efter smak

Kombinera alla ingredienser, utom couscous, salt och peppar i en 5,5 liter långkokare. Täck över och koka på full effekt i 4-5 timmar. Stäng av värmen och rör ner couscousen. Täck över och låt vila i 5-10 minuter. Kasta lagerbladet. Krydda med salt och peppar.

portugisisk soppa

Denna salta grönkålssoppa är en förenklad version av den portugisiska favoriten caldo verde. Använd linguiça, en portugisisk korv, för den mest autentiska smaken om möjligt. Bryn den i en panna, om du vill, och låt rinna av väl. Prova spenat istället för grönkål som omväxling.

Serverar 4

1 liter/1¾ pints nötbuljong

400 g/14 oz burk röda kidneybönor, avrunna och sköljda

50 g färdig tomatsås

225 g rökt korv, skivad

3 potatisar, skalade och tärnade

2 lökar, hackade

½ röd paprika, hackad

6 stora vitlöksklyftor, krossade

225 g/8 oz collard greens, skivade

salt och nymalen svartpeppar efter smak

Tabascosås, efter smak

Kombinera alla ingredienser, utom kål, salt, peppar och tabascosås, i långsam kokare. Täck över och koka på full effekt i 4-5 timmar, tillsätt grönkålen de sista 15 minuterna. Smaka av med salt, peppar och tabascosås.

pasta och bönor

En traditionell bönpasta, med en touch av mexikansk smak!

Serverar 6

750 ml/1¼ pints grönsaksfond
2 x 400 g/14 oz burkar pintobönor, avrunna och sköljda
500 g tomater, skurna i bitar
2 lökar, hackade
1 grön paprika, hackad
1 stor morot, skivad
1 st selleri, finhackad
1 vitlöksklyfta, krossad
1 jalapeño eller annan het paprika, finhackad
2 tsk torkad oregano
175 g/6 oz kokta armbågsmakaroner
15 g/½ oz hackad färsk koriander
salt och cayennepeppar efter smak

Kombinera alla ingredienser, utom makaroner, koriander, salt och cayennepeppar, i långsam kokare. Täck över och koka på full effekt i 4-5 timmar, tillsätt makaroner och koriander de sista 15 minuterna. Smaka av med salt och cayennepeppar.

Cannellini och italiensk kålsoppa

Alla vita bönor, som smör eller kidneybönor, kan ersätta cannelloni i denna soppa med spiskummin.

Serverar 8

750 ml/1¼ pints grönsaksfond

250 ml/8 fl oz vatten

400 g burk cannellinibönor, avrunna och sköljda

350 g/12 oz kål, tunt skivad eller strimlad

1 liten lök, grovt hackad

3 vitlöksklyftor, krossade

1 tsk spiskummin, hackade

90 g kokt penne

salt och nymalen svartpeppar efter smak

Blanda alla ingredienser, utom pastan, salt och peppar i långsamkokaren. Täck över och koka på full effekt i 4-5 timmar, tillsätt pastan under de sista 20 minuterna. Krydda med salt och peppar.

Siciliansk sommar tomatsoppa

Solmogna tomater, mycket vitlök och en aning citrus gör denna medelhavssoppa perfekt för en sommardag när tomaterna är som bäst.

Serverar 10

1 liter/1¾ pints kycklingbuljong

120ml/4 fl oz torrt vitt vin eller extra kycklingfond

50 ml apelsinjuice

2 matskedar tomatpuré

18 mogna plommon- eller vintomater, skalade, urkärnade och hackade

2 rödlökar, fint hackade

2 gula lökar, fint hackade

75 g/3 oz svamp, skivad

4 vårlökar, hackade

1 morot, hackad

1 st selleri, finhackad

15 g/½ oz hackad färsk persilja

9 stora vitlöksklyftor, hackade

1-2 matskedar torkad basilika

1 tsk socker

rivet skal av 1 apelsin

700 g spenat, grovt hackad

salt och nymalen svartpeppar efter smak

Kombinera alla ingredienser, utom spenat, salt och peppar i en 5,5 liter långkokare. Täck över och koka på full effekt i 4-5 timmar, tillsätt spenaten de sista 30 minuterna. Krydda med salt och peppar.

Röd och vit bönsoppa med pancetta och pasta

Den lilla risformade pastan, orzo, passar till många medelhavsrätter, men vilken nudelsoppa som helst är också bra.

Serverar 6

1,5 liter/2½ pints kycklingbuljong

2 burkar 400 g/14 oz cannellinibönor, avrunna och sköljda

400 g/14 oz burkar röda kidneybönor, sköljda och avrunna

400 g/14 oz färdig tomatsås

175 g bakre bacon, tunt skivad

2 lökar, hackade

1 stor selleristav, hackad

2 tsk torkad italiensk örtkrydda

50 g orzopasta eller soppa

salt och nymalen svartpeppar efter smak

Kombinera alla ingredienser, utom korn, salt och peppar i en 5,5 liter långkokare. Täck över och koka på låg värme i 6-8 timmar, tillsätt kornet under de sista 20 minuterna. Krydda med salt och peppar.

Cannellini bön- och pastasoppa

Om du alltid har ett par burkar cannellinibönor i ditt skafferi, har du alltid det du behöver för en enkel middag.

Serverar 4

1 liter/1¾ pints kycklingbuljong

2 burkar 400 g/14 oz cannellinibönor, avrunna och sköljda

130 g bacon, tärnad bacon

½ liten röd paprika, tärnad

2 vitlöksklyftor, krossade

½ tsk torr mejram

½ tesked torkad salvia

100 g/4 oz ditalini

salt och nymalen svartpeppar efter smak

Parmesan krutonger, till garnering

Kombinera alla ingredienser, utom ditalini, salt och peppar, i långsamkokaren. Täck över och koka på låg värme i 6-8 timmar, tillsätt pastan under de sista 30 minuterna. Krydda med salt och peppar. Strö varje skål med soppa med parmesankrutonger.

Italiensk köttbullsoppa

Om du gillar det, byt ut spaghettin mot andra pastasorter, som orecchiette eller conchiglie.

Serverar 8

Italienska kalkonköttbullar

2,25 liter/4 pints kycklingfond

275 g/10 oz franska bönor, skurna i korta bitar

1 stor morot, skivad

4 lökar, hackade

5 skalade tomater, grovt hackade

2 vitlöksklyftor, krossade

1-2 tsk torkad italiensk örtkrydda

225 g tunn spagetti, delad i 7,5 cm/3 bitar, kokt

salt och nymalen svartpeppar efter smak

Kombinera alla ingredienser, utom pastan, salt och peppar i en 5,5 liter långkokare. Täck över och koka på låg värme i 6-8 timmar, tillsätt pastan under de sista 15-20 minuterna. Krydda med salt och peppar.

Italienska kalkonköttbullar

Så lätt att göra och så gott i italienskinspirerade soppor.

För 24-32 köttbullar

700g/1½ lbs malet kalkon

1 ägg

15 g kryddat torrt ströbröd

2 vitlöksklyftor, krossade

1 msk torkad italiensk örtkrydda

¾ tesked salt

½ tsk peppar

Blanda alla ingredienser i en skål. Forma 24-32 köttbullar med blandningen.

Italiensk svamp- och kornsoppa

För variation, ersätt korn med en 400 g/14 oz burk avrunna och sköljda pintobönor i denna läckra italienska soppa.

Serverar 6

1,5 liter/2½ pints grönsaksfond

450 ml/¾ pint tomatjuice

Burk med 400 g/14 oz hackade tomater

90 g/3½ oz pärlkorn

250 g/9 oz svamp, skivad

2 små morötter, hackade

2 små lökar, hackade

2 vitlöksklyftor, krossade

1 tsk torkad basilika

1 tsk torkad oregano

salt och nymalen svartpeppar efter smak

gräddfil, till garnering

Kombinera alla ingredienser, utom salt och peppar, i en 5,5-quart/9½-pint slow cooker. Täck över och koka på låg i 6-8 timmar. Krydda med salt och peppar. Toppa varje skål soppa med en klick gräddfil.

Kålsoppa Och Ravioli

Färsk ravioli eller tortellini kan tillagas i slow cookern eller tillagas i förväg och läggas till slow cookern efter tillagning. Du kan använda spenat istället för grönkål.

Serverar 6

1 liter/1¾ pints grönsaksfond

450ml/¾ pint vatten

1 morot, skivad

200 g/7 oz plommon- eller vintomater, hackade

2 lökar, hackade

1 stor selleristav, hackad

2 vitlöksklyftor, krossade

¾ tesked torkad basilika

¾ tesked torkad rosmarin

250 g ravioli med färska örter

225 g grönkål, grovt hackad

2-3 teskedar citronsaft

salt och nymalen svartpeppar efter smak

Kombinera alla ingredienser, utom ravioli, collard greener, citronsaft, salt och peppar i en 5,5-quart långkokare. Täck över och koka på låg i 6-8 timmar. Tillsätt raviolin och grönkålen och fortsätt koka tills raviolin flyter upp till ytan, ca 10-15 minuter. Smaka av med citronsaft, salt och peppar.

Curry köttbullar

Du kan använda lite mer eller mindre curry efter eget tycke.

För 12-16 köttbullar

225 g/8 oz magert nötfärs

1 liten lök, hackad eller mycket finhackad

1½ tesked currypulver

½ tsk salt

tesked peppar

Blanda alla ingredienser i en skål. Forma 12-16 köttbullar med blandningen.

Currysoppa Med Köttbullar

Denna något förtjockade soppa är delikat smaksatt med curry och mynta och passar bra till curry köttbullar.

Serverar 4

Curry köttbullar

1,2 liter/2 pints nötbuljong

1 lök, hackad

2 tsk pressad vitlök

2 tsk currypulver

50 g vermicelli, delad i 5 cm/2 bitar, kokt

salt och nymalen svartpeppar efter smak

15 g/½ oz färsk mynta, hackad

Kombinera alla ingredienser, utom pasta, salt, peppar och mynta, i långsam kokare. Täck över och koka på full effekt i 4-5 timmar, tillsätt pastan under de sista 15 minuterna. Krydda med salt och peppar. Tillsätt myntan.

mulligatawny

En färgglad soppa, lätt kryddad med curry.

Serverar 8

1,2 liter/2 pints kycklingbuljong
450 g kycklingbröstfiléer utan skinn, halverade
Burk med 400 g/14 oz hackade tomater
3 lökar, grovt hackade
175 g kokt äpplen, grovt hackade
1 st selleri, skivad
1 morot, skivad
½ röd paprika, skivad
75 g/3 oz vaxartad potatis, skalad och tärnad
1 stor vitlöksklyfta, krossad

2½ tesked currypulver

1 tsk chilipulver

½ tsk mald kryddpeppar

½ tsk torkad timjan

15 g färsk persilja, grovt hackad

salt och nymalen svartpeppar efter smak

Kombinera alla ingredienser, utom persilja, salt och peppar i en 5,5 liter långkokare. Täck över och koka på låg i 6-8 timmar. Rör ner persiljan. Krydda med salt och peppar.

Indisk stil potatis och spenatsoppa med kyckling

Kombinationen av örter och kryddor ger denna soppa en exotisk smak och arom.

Serverar 6

750 ml/1¼ pints kycklingbuljong

350 g/12 oz skinnfria kycklingbröstfiléer, tärnade

Burk med 400 g/14 oz hackade tomater

350g/12oz ugnspotatis, skalad och tärnad

2 lökar, hackade

2 stora vitlöksklyftor, krossade

½ tesked spiskummin

½ tsk mald kardemumma

1½ matskedar milt eller kryddigt currypulver

2 tsk mald koriander

275 g/10 oz fryst hackad spenat, tinad och avrunnen

salt och nymalen svartpeppar efter smak

Blanda alla ingredienser, utom spenat, salt och peppar i långsam kokare. Täck över och koka på låg värme i 6-8 timmar, tillsätt spenaten de sista 20 minuterna. Krydda med salt och peppar.

Indisk linssoppa

Denna soppa från Indien, dal shorba, är smaksatt med currykryddor. Röda eller gröna linser kan också användas.

Serverar 8

1 liter/1¾ pints grönsaksfond

1 liter/1¾ pints vatten

350 g/12 oz torra bruna linser

1 lök, hackad

1 vitlöksklyfta, krossad

2 tsk currypulver

1 tsk korianderfrön, hackade

1 tsk spiskummin, hackade

½ tsk gurkmejapulver

¼ tesked krossade rödpepparflingor

salt och nymalen svartpeppar efter smak

6 matskedar vanlig yoghurt

Kombinera alla ingredienser, utom salt, peppar och yoghurt, i en 5,5 liter långkokare. Täck över och koka på låg i 6-8 timmar. Krydda med salt och peppar. Toppa varje skål soppa med en sked yoghurt.

Kryddad kycklingsoppa

Denna kryddiga kycklingsoppa är utsökt serverad med varmt pitabröd till en lätt måltid.

Serverar 8

2,25 liter/4 pints kycklingfond

700 g kycklingbröstfiléer utan skinn, i tärningar (2 cm)

1 lök, tunt skivad

6 pepparkorn

2 tsk mald koriander

1 tsk gurkmejapulver

1 tsk mald ingefära

¼ tesked krossade rödpepparflingor

1½ tesked cidervinäger

salt och nymalen svartpeppar efter smak

hackad färsk koriander, till garnering

Kombinera alla ingredienser, utom chili, vinäger, salt och peppar, i en 5,5-quart långkokare. Täck över och koka på låg värme i 6-8 timmar, tillsätt röd paprikaflingor och vinäger under de sista 30 minuterna. Krydda med salt och peppar. Garnera varje tallrik soppa med hackad färsk koriander.

Rysk kålsoppa

Rödkål och rödbetor ger denna soppa en ljus färg och god smak. Du kan använda grönkål istället för röd om du vill.

Serverar 8

1,5 liter/2½ pints nötbuljong
Burk med 400 g/14 oz hackade tomater
700 g rödkål, tunt skivad
4 stora rödbetor, skalade och tärningar (1 cm/½ tum)
1 stor morot, skivad
2 lökar, skivade
150 g/5 oz kålrot, i tärningar
175 g/6 oz potatis, skalad och tärnad
1 msk cidervinäger
salt och nymalen svartpeppar efter smak
8 matskedar gräddfil

Kombinera alla ingredienser, utom salt, peppar och gräddfil, i en 5,5 liter långkokare. Täck över och koka på låg i 6-8 timmar. Krydda med salt och peppar. Toppa varje skål soppa med en sked gräddfil.

Rejäl soppa av nötkött och grönsaker

En läcker och bekväm användning för överblivet tillagat kött. Om du använder rått kött, lägg till det i början.

Serverar 8

1 liter/1¾ pints Doftande nötbuljong eller nötbuljong

450 ml/¾ pint tomatjuice

350 g/12 oz grön- eller rödkål, strimlad

2 lökar, tunt skivade

1 stor morot, tunt skivad

75 g/3 oz svamp, tunt skivad

175 g potatis, oskalad och tärnad

1 tsk spiskummin

1 tsk paprika

600 g/1 lb 6 oz kokt magert nötkött, i tärningar

2 matskedar russin

1 matsked socker

2-3 teskedar vinäger

salt och nymalen svartpeppar efter smak

Dill gräddfil (se nedan)

Kombinera buljongen, tomatjuice, grönsaker, spiskummin och paprika i en 5,5 liter långkokare. Täck över och koka på låg värme i 6-8 timmar, tillsätt nötkött, russin, socker och vinäger under de sista 30 minuterna. Krydda med salt och peppar. Garnera skålar med soppa med klick dill gräddfil.

Gräddfil med dill

En läcker blandning att lägga till borsjtj eller använda som dipp.

Serverar 6 som tillbehör

175 ml/6 fl oz gräddfil
2 msk färsk dill eller 1 msk torkad dill
1-2 tsk citronsaft

Blanda alla ingredienser.

Kål Och Grönsakssoppa

Vitlökskrutonger är den perfekta finishen på den här soppan, men de skulle också passa bra med bitar av knaprigt vitt eller fullkornsbröd.

Serverar 8

1 liter/1¾ pints grönsaksfond

450 ml/¾ pint tomatjuice

Burk med 400 g/14 oz vita bönor, sköljda och avrunna

400 g/14 oz burk röda kidneybönor, sköljda och avrunna

350 g/12 oz grön- eller rödkål, strimlad

2 lökar, tunt skivade

1 stor morot, tunt skivad

75 g/3 oz svamp, tunt skivad

175 g potatis, oskalad och tärnad

1 tsk spiskummin

1 tsk paprika

2 matskedar russin

1 matsked socker

2-3 teskedar vinäger

salt och nymalen svartpeppar efter smak

Krutonger med vitlök, till garnering

Kombinera buljongen, tomatjuice, bönor, grönsaker, spiskummin och paprika i en 5,5 liter långkokare. Täck över och koka på låg värme i 6-8 timmar, tillsätt russin, socker och vinäger under de sista 30 minuterna. Krydda med salt och peppar. Garnera skålar med soppa med vitlökskrutonger.

Biffborsch

Traditionell rödbetssoppa smakar fantastiskt med kuber av magert nötkött, vilket gör den till en grundmåltid.

Serverar 8

2,25 liter/4 pints nötbuljong

350 g/12 oz bräserat magert nötkött, i tärningar

450 g rödbetor, skalade och tärnade

350 g/12 oz röd- eller grönkål, strimlad

3 små morötter, skivade

2 lökar, hackade

1 matsked torkad dill

50–75 mL/2–2½ fl oz cidervinäger

salt och nymalen svartpeppar efter smak

gräddfil, till garnering

Kombinera alla ingredienser, utom vinäger, salt och peppar, i en 5,5-quart/9½-pint långsam kokare. Täck över och koka på låg värme i 6-8 timmar, tillsätt vinägern den sista timmen. Krydda med salt och peppar. Toppa varje skål soppa med en klick gräddfil.

Borsjtj med korv

Denna traditionella soppa innehåller vitlökig polsk korv. Välj en som har hög kötthalt för bästa smak.

Serverar 8

1,5 liter/2 ½ pints nötbuljong

Rökt polsk korv 225 g/8 oz

1 liten rödkål, tunt skivad

4 medelstora rödbetor, skalade och tärnade

2 morötter, skivade

1 vitlöksklyfta, krossad

1 lagerblad

2-3 teskedar socker

2 msk cidervinäger

salt och nymalen svartpeppar efter smak

hackad färsk dill, till garnering

Kombinera alla ingredienser, utom socker, vinäger, salt och peppar, i en 5,5 liter långkokare. Täck över och koka på full effekt i 4-5 timmar, tillsätt socker och vinäger under den sista timmen. Ta bort korven, skiva den och lägg tillbaka den i soppan. Kasta lagerbladet. Krydda med salt och peppar. Strö varje skål med soppa med dill.

Rysk borsjtj

Denna ryska soppa är en rejäl måltid i kallt väder.

Serverar 6

1,2 liter/2 pints nötbuljong

Burk med 400 g/14 oz hackade tomater

450 g vitkål, tunt skivad

275 g/10 oz rödbetor, rivna

2 stora morötter, rivna

2 lökar, hackade

150 g/5 oz kålrot, riven

1 matsked socker

2 lagerblad

1 tsk torkad timjan

3-4 matskedar rödvinsvinäger

salt och nymalen svartpeppar efter smak

Gräddfil med dill

Kombinera alla ingredienser, utom vinäger, salt, peppar och dillgräddfil, i en 5,5-quart/9½-pint slow cooker. Täck över och koka på låg i 6-8 timmar. Smaka av med vinäger, salt och peppar. Kasta lagerbladen. Ringla varje skål med soppa med dillgräddfil.

Östeuropeisk borsch

Långsam tillagning tar fram smakerna i denna favoritborsjtj som inkluderar nötkött och rökt korv.

Serverar 12

2,25 liter/4 pints vatten

450 g/1 lb stuvad eller bräserad mager biff, i tärningar

700 g rökt korv, skivad

450 g kål, strimlad

500 g rödbetor, kokta, skalade och grovt rivna

450 g potatis, skalad och riven

1 stor morot, riven

2 lökar, skivade

2 matskedar rödvinsvinäger

1 tsk socker

2 tsk torkad mejram

2 teskedar torkad dill

salt och nymalen svartpeppar efter smak

250 ml/8 fl oz gräddfil

15 g/½ uns hackad färsk dill

Kombinera alla ingredienser, utom salt, peppar, gräddfil och dill, i en 5,5 liter långkokare. Täck över och koka på låg i 6-8 timmar. Krydda med salt och peppar. Garnera varje skål soppa med en rejäl klick gräddfil och strö över dill.

Gulaschsoppa

Om du vill, kombinera 175 ml/6 fl oz gräddfil och 1 matsked majsstärkelse i soppan i slutet av tillagningstiden. Blanda i 2-3 minuter.

Serverar 6

1,5 liter/2½ pints nötbuljong

450g/1lb bräserad mager biff, i tärningar

350 g potatis, skalad och tärnad

2 lökar, hackade

150 g gröna bönor, skurna i 2 cm/¾ längder

1 morot, tunt skivad

1 st selleri, tärnad

2 stora vitlöksklyftor, krossade

50 g/2 oz pärlkorn

1 lagerblad
1½ tesked paprika
½ tsk torkad timjan
½ tsk torrt senapspulver
400 g/14 oz färdig tomatsås
salt och nymalen svartpeppar efter smak

Kombinera alla ingredienser, utom tomatsåsen, salt och peppar i en 5,5 liter långkokare. Täck över och koka på låg värme i 6-8 timmar, tillsätt tomatsåsen den sista timmen. Kasta lagerbladet. Krydda med salt och peppar.

Gulaschbönsoppa

Kumminfrön och paprika ger en ungersk twist till denna grönsaks-, nötkötts- och bönsoppa.

Serverar 8

1 liter/1¾ pints nötbuljong

2 burkar med 400 g/14 oz röda bönor, avrunna och sköljda

Burk med 400 g/14 oz hackade tomater

700 g/1½ lbs mager gumpstek, i tärningar

350 g/12 oz skivad kål

4 lökar, hackade

1 stor morot, hackad

1 röd paprika, hackad

3 stora vitlöksklyftor, krossade

1 matsked paprika

2 tsk spiskummin, hackade

1 tsk torkad timjan

salt och nymalen svartpeppar efter smak

120ml/4 fl oz gräddfil

Kombinera alla ingredienser, utom salt, peppar och gräddfil, i en 5,5 liter långkokare. Täck över och koka på låg i 6-8 timmar. Krydda med salt och peppar. Garnera varje skål soppa med klick gräddfil.

Kryddig kycklingsoppa i nordafrikansk stil

Se de kryddiga smakerna och rejäla texturerna från det nordafrikanska köket.

Serverar 6

1,5 liter/2½ pints kycklingbuljong

400 g/14 oz burk tomater

450 g kycklingbröstfiléer utan skinn, i tärningar

6 lökar, grovt hackade

1 st selleri, skivad

50 g/2 oz bulgharvete

2 stora vitlöksklyftor, krossade

1 kanelstång

2 stora lagerblad

¾ tesked torr mejram

¾ tesked torkad timjan

en nypa mald kryddnejlika

salt och nymalen svartpeppar efter smak

Kombinera alla ingredienser, utom salt och peppar, i en 5,5 liter långkokare. Täck över och koka på låg i 6-8 timmar. Ta bort kanelstången och lagerbladen. Krydda med salt och peppar.

Baskisk grönsakssoppa

Massor av vitlök och timjan ger den här salta kikärtssoppan ett spanskt tema.

Serverar 8

2,5 liter/4¼ pints kycklingfond

120 ml/4 fl oz torrt rött vin eller kycklingbuljong

700 g kycklingbröstfiléer utan skinn, i tärningar

2 burkar 400 g/14 oz kikärter, avrunna och sköljda

450 g vitkål, grovt hackad

2 lökar, hackade

100 g purjolök (endast de vita delarna), hackad

175 g potatis, oskalad och tärnad

65 g/2½ oz kålrot, i tärningar

1 morot, hackad

½ röd paprika, hackad

½ grön paprika, hackad

5 stora vitlöksklyftor, hackade

2 tsk torkad timjan

salt och nymalen svartpeppar efter smak

Krutonger med vitlök, till garnering

Kombinera alla ingredienser, utom salt och peppar, i en 5,5 liter långkokare. Täck över och koka på låg i 6-8 timmar. Krydda med salt och peppar. Strö varje skål med soppa med vitlökskroutonger.

Orientalisk soppa med nudlar och kyckling

Det räcker med några torkade orientaliska svampar för att ge rätten en god och avgörande smak.

Serverar 4

25 g/1 oz torkad molnöra eller shiitakesvamp

750 ml/1¼ pints kycklingbuljong

2 matskedar torr sherry (valfritt)

225 g/8 oz skinnfria kycklingbröstfiléer, i tärningar

50 g knappsvamp, skivad

1 morot, skivad

1½ tsk lätt sojasås

½ tesked kinesiskt pulver med fem kryddor

50 g/2 oz zucchini, putsad

150 g/5 oz medelstora äggnudlar

salt och nymalen svartpeppar efter smak

Lägg de torkade svamparna i en skål och häll varmt vatten för att täcka dem. Låt stå tills svampen är mjuk, ca 15 minuter. Dränera. Skiva svampen, släng bort de hårda delarna och stjälkarna från shiitaken.

Kombinera svampen och övriga ingredienser, förutom nudlarna, nudlarna, salt och peppar, i långsamkokaren. Täck över och koka på full effekt i 4 till 5 timmar, tillsätt tagliatelle och tagliatelle under de sista 20 minuterna. Krydda med salt och peppar.

Öst möter väst soppa

Denna krämiga och kryddiga soppa är toppad med krispiga wontons kryddade med chili.

Serverar 6

1 liter/1¾ pints kycklingbuljong
225g grön chili från burk, avrunnen och hackad
2 lökar, tunt skivade
1 stor selleristav, tunt skivad
1 liten jalapeño eller annan het paprika, finhackad
2,5 cm/1 bit färsk ingefära, fint riven
3 stora vitlöksklyftor, krossade
1 tsk malen spiskummin
250 ml/8 fl oz lättmjölk
2 matskedar majsstärkelse
salt och nymalen svartpeppar efter smak
15 g/½ oz färsk koriander, hackad
Chili wontons (se nedan)

Kombinera alla ingredienser, utom mjölk, majsstärkelse, salt, peppar, koriander och chilikryddade wontons, i långsamkokaren. Täck över och koka på låg i 6-8 timmar. Rör i den kombinerade mjölken och majsstärkelsen, rör om i 2 till 3 minuter. Krydda med salt och peppar. Rör ner koriandern. Servera med chili wontons.

Chili wontons

De är fantastiska i soppor, som ovan, men de gör också välsmakande fingermat.

gör 36

1 tsk pepparpulver
½ tsk vitlökspulver
¼ tesked cayennepeppar
2 tsk rapsolja
2 teskedar vatten
18 wonton omslag, skurna diagonalt på mitten.

För att göra wontons, kombinera alla wonton-ingredienser, utom wonton-omslagen. Pensla båda sidorna av omslagen med blandningen och lägg dem på en plåt. Grädda i 190°C/gas 5/luftugn 170°C tills de är knapriga, ca 5 minuter. Kyl på galler.

Kyckling Wonton Soppa

Wontons kan göras i förväg och kylas, täckt, i flera timmar innan tillagning.

Serverar 6

1 liter/1¾ pints kycklingbuljong
225 g/8 oz sockermajs, färsk eller konserverad, avrunnen och sköljd
½ röd paprika, hackad
1 morot, hackad
2 cm/¾ hackad färsk ingefära, fint riven
2 teskedar sojasås
1 tsk rostad sesamolja
65 g spenatblad, skivade
Kyckling wontons
salt och cayennepeppar efter smak

Kombinera alla ingredienser, utom sesamolja, spenat, kyckling wontons, salt och cayennepeppar, i långsam kokare. Täck över och koka på låg värme i 4-5 timmar, tillsätt spenaten under de sista 10 minuterna. Rör ner kycklingwontons. Smaka av med salt och cayennepeppar.

Kyckling wontons

Kycklingwontons är förstklassiga i ovanstående sopprecept och gör även läckra aptitretare på fester.

sedan 24

225 g/8 oz kycklingbröstfiléer utan skinn
3 vårlökar, skivade
1 cm/½ bit färsk ingefära, fint riven
24 wonton omslag

Bearbeta alla ingredienser, utom omslagen, i en matberedare tills de är finhackade. Lägg 1 rågad tesked av kycklingblandningen på varje omslag. Fukta kanterna med vatten och vik på mitten diagonalt för att göra trianglar, försegla kanterna. Koka wontons i en stor kastrull med sjudande vatten tills de flyter upp till ytan, 5 till 7 minuter. Låt rinna av och servera.

Syrlig sås

En mycket delikat balans mellan sött och surt. Om du vill kan du ersätta den destillerade vita vinägern mot risvinäger och sojasåsen mot tamarisåsen.

Serverar 6 som tillbehör

3 matskedar risvinäger
1 matsked tamarisås
2 matskedar ljust farinsocker

Blanda alla ingredienser tills sockret har löst sig.

Het och sur soppa

De söta och syrliga kontrasterna gör denna mandarinsoppa till en unik maträtt. Den heta pepparsesamoljan och den tillhörande sursåsen har en intensiv smak, så använd dem sparsamt.

Serverar 6

25g/1oz torkade kinesiska svarta svampar
175 ml/6 fl oz kokande vatten
1 liter/1¾ pints grönsaksfond
350 g/12 oz tempeh eller tofu, i tärningar
100g/4oz bambuskott
50 ml risvinäger eller destillerad vit vinäger
2 msk tamari eller sojasås
2,5 cm/1 bit färsk ingefära, fint riven
1 matsked farinsocker
1 matsked majsstärkelse
3 matskedar vatten
salt och nymalen svartpeppar efter smak
1 ägg, lätt uppvispat
1 tsk rostad sesamolja
12-18 droppar het peppar sesamolja eller Szechuan pepparsås
Sursås (se ovan)

Lägg svampen i en liten skål och häll kokande vatten över dem. Låt stå tills svampen mjuknat, 15 till 20 minuter. Häll av, spara vätskan. Skiva svampen, släng bort de sega stjälkarna. Kombinera svampen och den reserverade vätskan, buljong, tempeh eller tofu, bambuskott, vinäger, tamari eller sojasås, ingefära och farinsocker i långsamkokaren. Täck över och koka på full effekt i 2-3 timmar. Rör ner det kombinerade majsmjölet och vattnet under omrörning i 2 till 3 minuter. Krydda med salt och peppar. Rör långsamt ner ägget i soppan. Blanda i sesamoljan. Servera med chiliolja och sötsur sås.

Asiatisk Svampsoppa Med Soba Nudlar

Den skarpa smaken av några shiitake-svampar förstärker den övergripande svampsmaken i denna lätta asiatiska soppa. Tunna äggnudlar eller nudlar kan ersätta sobanudlar.

Serverar 6

750 ml/1¼ pints kokande vatten

25 g/1 oz torkad shiitakesvamp

1 liter/1¾ pints grönsaksfond

700 g brun mösssvamp, finhackad

½ liten lök, finhackad

1 vitlöksklyfta, krossad

½ tsk torkad timjan

120 ml/4 fl oz torrt vitt vin (valfritt)

100 g/4 oz sobanudlar, kokta

225 g/8 oz zucchini, putsad

10 rädisor, skivade

1 matsked rödvinsvinäger

salt och nymalen svartpeppar efter smak

Häll det kokande vattnet över shiitakesvampen i en skål och låt stå tills de mjuknat, cirka 15 minuter. Häll av vätskan i en skål. Sila vätskan genom en fin sil och ställ åt sidan. Finhacka svampen, ta bort de sega stjälkarna.

Kombinera shiitakesvampen, reserverad vätska och resterande ingredienser, förutom nudlarna, haricots verts, rädisor, vinäger, salt och peppar, i en 5,5-quart/9½-pints slow cooker. Täck över och koka på full effekt i 4-5 timmar, tillsätt nudlar, nudlar, rädisor och vinäger under de sista 20 minuterna. Krydda med salt och peppar.

Asiatisk shiitake och nudelsoppa

Shiitakesvamp och japansk udon ger denna soppa sin signaturfulla smak.

Serverar 6

1 liter/1¾ pints nötbuljong

75 g/3 oz shiitake eller andra vilda svampar tunt skivade, sega stjälkar kasserade

1 röd paprika, hackad

1 stor morot, hackad

2 vårlökar, skivade

1 cm/½ bit färsk ingefära, fint riven

1 vitlöksklyfta, krossad

1 tsk rostad sesamolja

1 tsk tamari eller sojasås

65 g skivad spenat

salt och nymalen svartpeppar efter smak

225 g japanska udonnudlar, kokta, varma

Kombinera alla ingredienser, utom sesamolja, tamari eller sojasås, spenat, salt, peppar och nudlar, i långsam kokare. Täck över och koka över hög värme i 4 till 6 timmar, tillsätt sesamolja, tamari eller sojasås och spenat under de sista 10 minuterna. Krydda med salt och peppar. Lägg nudlarna i skålarna och häll soppan över dem.

Chilikyckling med apelsinkorianderris

En kryddig och aromatisk peppar.

Serverar 6

450 g kycklingbröstfiléer utan skinn, i tärningar

2 burkar med 400 g/14 oz hackade tomater

400 g burk cannellinibönor, avrunna och sköljda

1 lök, hackad

1 vitlöksklyfta, krossad

2 tsk chilipulver

½ tsk malen spiskummin

¼ tesked mald kryddpeppar

1 remsa apelsinskal

salt och nymalen svartpeppar

hackad färsk koriander, till garnering

Orange korianderris (se nedan)

Kombinera alla ingredienser, utom salt, peppar, koriander och apelsinkorianderris, i långsamkokaren. Täck över och koka på låg i 6-8 timmar. Krydda med salt och peppar. Garnera chilin med färsk koriander och servera med apelsinkorianderris.

Ris med apelsin och koriander

En underbart doftande risrätt.

Serverar 6

4 vårlökar, skivade

olja, för smörjning

225 g/8 oz långkornigt ris

rivet skal av 1 liten apelsin

500 ml/17 fl oz vatten

2 msk finhackad färsk koriander

salt och nymalen svartpeppar

Fräs löken i en lätt smord medelstor stekpanna tills de är mjuka, 3 till 5 minuter. Tillsätt riset och apelsinskalet. Rör om på medelvärme tills riset är lätt brynt, 2 till 3 minuter. Tillsätt vattnet och låt koka upp. Sänk värmen och låt sjuda under lock tills riset är mört, 20 till 25 minuter. Rör ner koriandern. Krydda med salt och peppar.

Vit chili

Tomatillos kan köpas ibland, under säsong, på etniska marknader, så om du har turen att hitta dem prova Tomatillo Salsa att servera med denna chilikyckling, även om en salsa som köps i butik också är bra.

Serverar 8

450 g kycklingbröstfiléer utan skinn, i tärningar (2 cm)
450 ml/¾ pint kycklingfond
2 burkar 400 g/14 oz cannellinibönor, avrunna och sköljda
1 röd eller grön paprika, hackad
2 lökar, hackade
2 vitlöksklyftor, krossade
2 tsk finhackad jalapeño eller annan medelvarm peppar
2 cm/¾ hackad färsk ingefära, fint riven
1 tsk torkad timjan
1 tsk torkad oregano
1 matsked majsstärkelse
salt och nymalen svartpeppar
Tomatsås
gräddfil, till garnering

Kombinera alla ingredienser, utom 120 ml/4 fl oz buljong, majsstärkelse, salt, peppar och tomatillosås, i långsam kokare. Täck över och koka på låg i 6-8 timmar. Koka på maximal effekt i 10 minuter. Rör i den återstående kombinerade buljongen och majsstärkelsen, rör om i 2 till 3 minuter. Krydda med salt och peppar. Servera med tomatillosås och gräddfil.

Tomatsås

Du kan köpa tomatillos i stora stormarknader eller etniska butiker.

Serverar 8 som tillbehör

350 g/12 oz tomatillos, skalade
½ liten lök, hackad
1 msk finhackad färsk koriander
1 tsk hackad jalapeño eller annan medelstor peppar
1 vitlöksklyfta, krossad
¼ tesked mald spiskummin
en nypa socker
Salt att smaka

Koka tomatillorna i vatten för att täcka i en stor stekpanna tills de är mjuka, 5 till 8 minuter. Kyl och låt rinna av, spara vätskan. Bearbeta tomatillos och andra ingredienser, förutom saltet, i en matberedare eller mixer tills nästan slät, tillsätt tillräckligt med den reserverade vätskan för medium konsistens. Smaka av med salt.

Söt och kryddig peppar

Kyckling med sötpotatis och varma kryddor i kombination med chili och färsk ingefära blir en riktigt stark rätt.

Serverar 6

450 g kycklingbröstfiléer utan skinn, i tärningar (2 cm)

750 ml/1¼ pints kycklingbuljong

2 burkar 400 g/14 oz cannellinibönor, avrunna och sköljda

3 lökar, hackade

225 g/8 oz svamp, i fjärdedelar

2 sötpotatisar, skalade och tärnade (2 cm)

2 vitlöksklyftor, krossade

2 cm/¾ hackad färsk ingefära, fint riven

2 tsk finriven jalapeño eller annan medium het peppar

1 tsk torkad oregano

1 tsk mald torkad spiskummin

½ tsk mald koriander

½ tsk mald kanel

salt och vitpeppar efter smak

gräddfil, till garnering

Kombinera alla ingredienser, utom salt och peppar, i en 5,5-quart/9½-pint slow cooker. Täck över och koka på låg i 6-8 timmar. Krydda med salt och peppar. Servera med gräddfil.

Stekt chili

Här är en mager och hälsosam kalkonchili. För att knapra, servera toppad med smulade tortillachips.

Serverar 4

450 g/1 lb mald kalkon
2 burkar tomater 400 g/14 oz
400 g/14 oz burk svarta bönor eller kidneybönor, avrunna och sköljda
2 rödlökar, hackade
½ rostad röd paprika från burk, grovt hackad
1 liten jalapeño eller annan het paprika, finhackad
1 msk chilipulver (valfritt)
½ tsk malen spiskummin
¼ tesked mald kryddpeppar
salt och nymalen svartpeppar efter smak

Koka kalkonen i en lätt smord stekpanna på medelvärme tills den fått färg, cirka 5 minuter, smula sönder den med en gaffel. Kombinera kalkonen och övriga ingredienser, förutom salt och peppar, i långsamkokaren. Täck över och koka på låg i 6-8 timmar. Krydda med salt och peppar.

Kalifornisk peppar

Denna heta och kryddiga kycklingchili har knas av solrosfrön och mjukheten hos avokado för att avrunda det hela.

Serverar 6

450 g kycklingbröstfiléer utan skinn, i tärningar (2,5 cm)
750 g mogna plommon- eller vintomater, skivade
50 g mjukgjorda soltorkade tomater (ej i olja), tärnade
250 ml/8 fl oz torrt rött vin eller kycklingbuljong
1-2 matskedar chilipulver
1 tsk krossad mald blandad peppar
¼–½ tesked krossade rödpepparflingor
1 avokado, hackad
2 msk solrosfrön, rostade
Salt att smaka
6 matskedar hackad färsk basilika, till garnering

Kombinera alla ingredienser, utom avokadon, solrosfrön och salt, i långsamkokaren. Täck över och koka på låg i 6-8 timmar. Tillsätt avokadon och solrosfröna. Smaka av med salt. Strö varje skål chili med basilika.

Stor röd chili

En kryddig nötchili med mycket kick som innehåller rödlök, röda kidneybönor, chili och tärnade tomater.

Serverar 4

225 g/8 oz magert nötfärs
2 burkar med 400 g/14 oz hackade tomater
400 g/14 oz burk röda kidneybönor, avrunna och sköljda
1 stor rödlök, hackad
1 röd paprika, hackad
2 matskedar rödvinsvinäger
2 matskedar chilipulver
¼ tesked mald kryddpeppar
150 g/5 oz tomat- och chilifärdig sås
salt och nymalen svartpeppar efter smak

Koka nötköttet i en stor, lätt smord stekpanna på medelvärme tills det får färg, cirka 5 minuter, bryt upp det med en gaffel. Kombinera nötköttet och övriga ingredienser, förutom salt och peppar, i långsamkokaren. Täck över och koka på låg i 6-8 timmar. Krydda med salt och peppar.

Peperoncino bondgård

En läcker fläskchili med salvia och sötad med lönnsirap.

Serverar 4

225 g smulad fläskkorv g

2 burkar med 400 g/14 oz hackade tomater

400 g/14 oz burk röda kidneybönor, avrunna och sköljda

1 stor rödlök, hackad

1 röd paprika, hackad

2 matskedar rödvinsvinäger

1-2 matskedar lönnsirap

1 matsked chilipulver

¾ tesked mald spiskummin

¾ tesked torkad salvia

150 ml/¼ pint tomatjuice

salt och nymalen svartpeppar efter smak

Koka fläsket i en lätt smord stor stekpanna på medelvärme tills det får färg, cirka 5 minuter, bryt upp det med en gaffel. Kombinera fläsk och resten av ingredienserna, förutom salt och peppar, i långsam kokare. Täck över och koka på låg i 6-8 timmar. Krydda med salt och peppar.

Majs och bönor med kött

Som med alla recept på köttfärs, försök att köpa den bästa kvaliteten med väldigt lite fett. Servera den här rätten med majsmjölschips.

Serverar 8

350 g/12 oz magert nötfärs
olja, för smörjning
2 burkar med 400 g/14 oz hackade tomater
2 x 400 g/14 oz burkar pintobönor, avrunna och sköljda
1 liter/1¾ pints nötbuljong
225 g/8 oz sockermajs, tinad om den är fryst
1 stor lök, finhackad
1-2 msk chilipulver, eller efter smak
1 tsk malen spiskummin
1 tsk socker
salt och nymalen svartpeppar efter smak
Majsmjölschips (se nedan)

Koka nötköttet i en lätt smord stor stekpanna på medelvärme tills det får färg, cirka 8 minuter, bryt upp det med en gaffel. Kombinera nötkött och övriga ingredienser, förutom salt, peppar och majschips, i 5,5 quart/9½ pint slow cooker. Täck över och koka på låg i 6-8 timmar. Krydda med salt och peppar. Servera med majsmjölschips.

Majs chips

Perfekt med chili.

Serverar 8 som tillbehör

100g/4oz självjäsande mjöl

40 g polenta

1 matsked socker

50 g kallt smör eller margarin, skuret i bitar

1 matsked destillerad vit vinäger

50 ml iskallt vatten

olja, för smörjning

1 äggvita, vispad

2-3 matskedar nyriven parmesan

Blanda mjöl, polenta och socker i en liten skål. Skär smöret med en ring, eller gnugga med fingrarna, tills du får en blandning som liknar grova smulor. Tillsätt vinägern och isvattnet precis tillräckligt för att bilda en slurry. Kavla ut degen på mjölat underlag till en tjocklek av ca 5 mm/¼. Skär i rundlar med en kakform och lägg på en smord plåt. Pensla med äggvita och strö över parmesan. Grädda i 190ºC/gas 5/luftugn 170ºC tills de är gyllenbruna, 7-10 minuter. Kyl på galler.

Chili med squash och bönor

En kläm lime ger en uppfriskande twist till denna heta biffchili.

Serverar 6

450 g/1 lb magert nötfärs

olja, för smörjning

750 ml/1¼ pints tomatjuice

400 g/14 oz färdiga bitar av tomatsås

400 g/14 oz burk röda kidneybönor, avrunna och sköljda

4 lökar, skivade

2 stora selleristavar, hackade

350 g/12 oz butternut squash, tärningar (2,5 cm/1 tum)

1 röd paprika, skivad

130 g zucchini, skivad

75 g/3 oz svamp, skivad

½ jalapeño eller annan het paprika, finhackad

2 vitlöksklyftor, krossade

1½ tsk chilipulver, eller efter smak

1½ tesked mald spiskummin

salt och nymalen svartpeppar efter smak

6 limeklyftor

Koka nötfärsen i en stor, lätt smord stekpanna på medelvärme tills den får färg, cirka 8 minuter, bryt upp den med en gaffel. Kombinera nötköttet och alla andra ingredienser, utom salt, peppar och limeklyftor, i en 5,5 liter långkokare. Täck över och koka på låg i 6-8 timmar. Krydda med salt och peppar. Servera med limeklyftor.

Chili Blizzard

En utmärkt chili för vinterkvällar. Om du förvarar nötfärs i frysen kommer du alltid att kunna laga en chili.

Serverar 6

450 g/1 lb magert nötfärs

olja, för smörjning

750 g/1¾ lb färdig tomatsås

275 g/10 oz konserverade pintobönor, avrunna och sköljda

275 g/10 oz konserverade svarta bönor eller svartögda ärtor, avrunna och sköljda

275 g/10 oz konserverade cannellinibönor, avrunna och sköljda

4 lökar, fint hackade

1 vitlöksklyfta, krossad

1 lagerblad

1 matsked chilipulver

2 teskedar socker

1 tsk malen spiskummin

salt och nymalen svartpeppar efter smak

Koka nötfärsen i en lätt smord stor stekpanna på medelvärme tills den fått färg, 8 till 10 minuter, bryt upp den med en gaffel. Kombinera nötkött och övriga ingredienser, förutom salt och peppar, i 5,5 quart/9½ pint slow cooker. Täck över och koka på låg i 6-8 timmar. Kasta lagerbladet. Krydda med salt och peppar.

Familjens favoritpeppar

Denna mycket lätta chili kommer att tilltala alla åldrar.

Serverar 8

700 g/1½ lbs magert nötfärs eller kalkon
olja, för smörjning
2 x 400 g/14 oz burkar pintobönor, avrunna och sköljda
2 burkar tomater 400 g/14 oz
225 g/8 oz sockermajs, tinad om den är fryst
2 lökar, hackade
½ grön paprika, hackad
2 msk tacokrydda mix
1 vitlöksklyfta, krossad
½ tsk torkad timjan
salt och nymalen svartpeppar efter smak
gräddfil
tortillachips

Koka nötfärsen i en stor, lätt smord stekpanna på medelvärme tills den fått färg, cirka 10 minuter, bryt upp den med en gaffel. Kombinera nötköttet och alla andra ingredienser, utom salt, peppar, gräddfil och tortillachips, i en 5,5 liter långkokare. Täck över och koka på låg i 6-8 timmar. Krydda med salt och peppar. Servera med gräddfil och tortillachips.

Cincinnati chili

Five-Way Cincinnati Chili blev berömmelse i stadens chilisalonger. Såsen är smaksatt med söta kryddor och en nypa mörk choklad och serveras ensam (1 sätt), på spagetti (2 sätt), med tillsatta bönor (3 sätt), med hackad lök (4 sätt) och med riven ost (5) sätt) sätt).

Serverar 8

350 g/12 oz kalkon eller magert nötfärs

olja, för smörjning

2 burkar med 400 g/14 oz hackade tomater

225 g/8 oz tomatsås

120 ml/4 fl oz vatten

1 lök, hackad

4 vitlöksklyftor, krossade

2-3 msk chilipulver, eller efter smak

1 matsked kakaopulver

2 tsk torkad oregano

1 tsk kanelpulver

1 tsk mald kryddpeppar

salt och nymalen svartpeppar efter smak

450 g spagetti, kokt, varm

pålägg: konserverade pintobönor, hackad lök, strimlad cheddarost

Koka kalkonen i en lätt smord stor stekpanna på medelvärme tills den fått färg, cirka 5 minuter, smula sönder den med en gaffel. Kombinera kalkonen och övriga ingredienser, förutom salt, peppar och spaghetti, i långsamkokaren. Täck över och koka på låg i 6-8 timmar. Krydda med salt och peppar. Servera med spagetti och pålägg.

Chunky chili för en publik

Vispa ihop denna stora sats chili till en fest och servera den med en sats DIY-garnering. Eller gör det till middag och frys in lite för senare användning.

Serverar 16

1,75 kg/4 lbs mager biff, bräserad eller bräserad, i tärningar (2,5 cm/1 tum)

3 lökar, skivade

1½ grön paprika, skivad

10 vitlöksklyftor, krossade,

2 jalapeño eller annan het paprika, hackad

4 burkar med 400 g/14 oz hackade tomater

2 x 400 g/14 oz burkar pintobönor, avrunna och sköljda

175 g/6 oz tomatpuré

3-4 matskedar chilipulver

1 tsk nötbuljonggranulat

120 ml/4 fl oz vatten

25 g/1 uns majsmjöl

salt och nymalen svartpeppar efter smak

Tabascosås, efter smak

pålägg: bakade tortillachips, riven cheddarost, gräddfil, tärnade tomater, tärnad avokado, skivade svarta oliver

Kombinera alla ingredienser, utom vatten, majsstärkelse, salt, peppar och Tabasco-sås, i en 5,5 liter långkokare. Täck över och koka på låg i 6-8 timmar. Sätt på elden för fullt. Koka i 10 minuter. Rör i det kombinerade vattnet och majsstärkelsen, rör om i 2 till 3 minuter. Smaka av med salt, peppar och tabascosås. Servera med garnering.

Macho chili

En riktig chilipeppar för män, men även kvinnor kommer att gilla den!

Serverar 8

225 g/8 oz fläskkorvar, hölje borttaget
225 g/8 oz magert nötfärs

3 burkar med 400 g/14 oz hackade tomater

400 g/14 oz burk pintobönor, avrunna och sköljda

400 g svarta bönor, avrunna och sköljda

400 g/14 oz burk kikärter, avrunna och sköljda

250 ml/8 fl oz torrt rött vin eller tomatjuice

3 lökar, grovt hackade

1 grön paprika, grovt hackad

2 vitlöksklyftor, krossade

1 liten jalapeño eller annan het paprika, finhackad

50–120 ml/2–4 fl oz Worcestershiresås

1 tsk torrt senapspulver

1 tsk sellerifrön

1-2 msk chilipulver, eller efter smak

½ tsk malen spiskummin

8 skivor bacon, kokta tills de är knapriga och smulade

salt och nymalen svartpeppar efter smak

Koka korven och köttfärsen i en stor, lätt smord stekpanna på medelvärme tills de fått färg, cirka 10 minuter, bryt upp med en gaffel. Kombinera köttet och övriga ingredienser, förutom bacon, salt och peppar i en 5,5-quart långkokare. Täck över och koka på låg i 6-8 timmar. Rör ner baconet. Krydda med salt och peppar.

Chili med nötkött

Ölet, liksom spiskummin och oregano, ger denna chili ett djup av smak.

Serverar 8

450 g/1 lb magert nötfärs
olja, för smörjning
2 lökar, hackade
1 grön paprika, hackad
2 vitlöksklyftor, krossade

1-2 msk chilipulver, eller efter smak

2 tsk malen spiskummin

2 tsk torkad oregano

2 burkar med 400 g/14 oz hackade tomater

400 g/14 oz burk röda kidneybönor, avrunna och sköljda

175 g/6 oz tomatpuré

175 ml/6 fl oz öl eller vatten

1 msk ljust farinsocker

1 matsked kakaopulver

salt och nymalen svartpeppar efter smak

50 g cheddarost, riven

2 vårlökar, skivade

120ml/4 fl oz gräddfil

Koka nötfärsen i en stor, lätt smord stekpanna på medelvärme tills nötköttet är brynt, cirka 10 minuter, bryt upp det med en gaffel. Blanda nötköttet och alla andra ingredienser, utom salt, peppar, ost, vårlök och gräddfil, i långsamkokaren. Täck över och koka på låg i 6-8 timmar. Krydda med salt och peppar. Strö varje skål med chili med ost, vårlök och gräddfil.

Flan av nötkött och grönsaker

Zucchini, knappsvamp och rotfrukter är en bra kombination i denna väl avrundade måltid.

Serverar 6

700 g/1½ lbs mager gumpstek, i tärningar (2,5 cm/1 tum)
250 ml/8 fl oz nötköttsbuljong
120 ml rött vin eller nötbuljong
6 morötter, i fjärdedelar
4 små potatisar, i fjärdedelar
4 lökar, i fjärdedelar
2 små zucchini, skivade
100 g/4 oz knappsvamp
1 vitlöksklyfta, krossad
1 tsk Worcestershiresås
2 lagerblad
1 matsked majsstärkelse
50 ml kallt vatten
salt och nymalen svartpeppar efter smak

Kombinera alla ingredienser, utom majsstärkelse, vatten, salt och peppar, i en 5,5-quart/9½-pints slow cooker. Täck över och koka på låg i 6-8 timmar. Sätt på lågan och koka i 10 minuter. Rör ner det kombinerade majsmjölet och vattnet under omrörning i 2 till 3 minuter. Kasta lagerbladen. Krydda med salt och peppar.

Nötkött och svamp

Vin tillför rikedom till en sås, och här används vitt vin för att ge en lätt kant åt denna nötköttsrätt som ska serveras med nudlar.

Serverar 6

450 g/1 lb mager biff, i tärningar
450 ml/¾ pint nötbuljong
120 ml torrt vitt vin
225 g/8 oz svamp, tunt skivad
½ lök, hackad
1 vitlöksklyfta, krossad
1 msk torkad italiensk örtkrydda
2 matskedar majsstärkelse
120ml/4 fl oz kallt vatten
salt och nymalen svartpeppar efter smak
Nudlar 225g/8oz, kokta, varma

Blanda alla ingredienser, utom majsstärkelse, vatten, salt, peppar och pasta, i långsamkokaren. Täck över och koka på låg i 6-8 timmar. Sätt på lågan och koka i 10 minuter. Rör ner det kombinerade majsmjölet och vattnet under omrörning i 2 till 3 minuter. Krydda med salt och peppar. Servera över pastan.

Nötkött med potatis och ris

En robust oxgryta som innehåller både potatis och ris. Potatisen ger en tjock konsistens och riset hjälper till att tjockna den smakrika såsen.

Serverar 4

450 g/1 lb mager biff, i tärningar

120 ml/4 fl oz nötköttsbuljong

50 g vitkål, grovt hackad

2 små potatisar, oskalade och skivade

1 stor lök, finhackad

1 morot, skivad

2 vitlöksklyftor, krossade

120 ml torrt rött vin eller nötbuljong

50 ml tomatketchup

2 teskedar farinsocker

1½ tesked cidervinäger

1½ tesked torkad timjan

½ tsk torrt senapspulver

50 g lättkokt långkornigt ris

2 matskedar majsstärkelse

50 ml kallt vatten

salt och nymalen svartpeppar efter smak

Kombinera alla ingredienser, utom ris, majsstärkelse, vatten, salt och peppar, i långsam kokare. Täck över och koka på låg värme i 6-8 timmar, tillsätt riset under de sista 2 timmarna. Sätt på lågan och koka i 10 minuter. Rör ner det kombinerade majsmjölet och vattnet under omrörning i 2 till 3 minuter. Krydda med salt och peppar.

Nötkött och pumpa med Polenta

Om du inte har en andra långsamkokare kan polentan göras i mikrovågsugn, eller så kan du laga polentan på konventionellt sätt, enligt anvisningarna på förpackningen.

Serverar 8

900 g mager bräserad biff, tärnad (2,5 cm/1 tum)
250 ml/8 fl oz nötköttsbuljong
500 g butternut squash, skalad och tärnad
4 medelstora tomater, hackade
1 lök, hackad
¾ tesked torr mejram
¾ tesked torkad timjan
3 zucchini, tärnade
salt och nymalen svartpeppar efter smak
700 g polenta

Kombinera alla ingredienser, utom zucchini, salt, peppar och polenta, i en 5,5 liter långkokare. Täck över och koka på låg värme i 6-8 timmar, tillsätt zucchinin de sista 45 minuterna. Krydda med salt och peppar. Servera på polenta.

Vinbräserad oxgryta

Lagerblad, vitlök, champinjoner och rött vin ger denna rätt en god, stark smak.

Serverar 6

700 g/1½ lb gumpstek, i tärningar

250 ml/8 fl oz nötköttsbuljong

250 g/9 oz färdig tomatsås

120 ml torrt rött vin

175 g/6 oz svamp, skivad

2 lökar, hackade

1 st selleri, tunt skivad

12 babymorötter

6 små potatisar, halverade

1 vitlöksklyfta, krossad

1 tsk torkad timjan

2 stora lagerblad

1-2 matskedar majsstärkelse

50 ml kallt vatten

salt och nymalen svartpeppar efter smak

Kombinera alla ingredienser, utom majsstärkelse, vatten, salt och peppar, i en 5,5-quart/9½-pints slow cooker. Täck över och koka på låg i 6-8 timmar. Sätt på lågan och koka i 10 minuter. Rör ner det kombinerade majsmjölet och vattnet under omrörning i 2 till 3 minuter. Kasta lagerbladen. Krydda med salt och peppar.

Rosmarinbiffgryta

Doftande rosmarin är mittpunkten i denna läckra gryta.

Serverar 6

700 g mager bräserad biff, i tärningar

375 ml nötbuljong

225 g/8 oz färdig tomatsås

2 matskedar torr sherry (valfritt)

425 g/15 oz gröna bönor, skurna i korta bitar

2 lökar, fint hackade

1 morot, skivad

1 st selleri, skivad

1 stor vitlöksklyfta, krossad

1 tsk torkad rosmarin

1 lagerblad

1-2 matskedar majsstärkelse

50 ml kallt vatten

salt och nymalen svartpeppar efter smak

175 g/6 oz ris, kokt, varmt

Kombinera alla ingredienser, utom majsstärkelse, vatten, salt, peppar och ris, i en 5,5 liter långkokare. Täck över och koka på låg i 6-8 timmar. Sätt på lågan och koka i 10 minuter. Rör ner det kombinerade majsmjölet och vattnet under omrörning i 2 till 3 minuter. Kasta lagerbladet. Krydda med salt och peppar. Servera över riset.

Höstbiff och sötpotatisgryta

Äpplen ger denna höstgryta en touch av sötma.

Serverar 4

450 g/1 lb mager biff, tärnad (2 cm)
375 ml nötbuljong
450 g sötpotatis, skalad och tärnad
2 lökar, skurna i tunna klyftor
1 tsk torkad rosmarin
2 äpplen att äta, skalade och skär i tjocka skivor
50 g frysta ärtor, tinade
2 matskedar majsstärkelse
50 ml kallt vatten
salt och nymalen svartpeppar efter smak

Kombinera alla ingredienser, utom äpplen, ärtor, majsstärkelse, vatten, salt och peppar, i långsam kokare. Täck över och koka på låg värme i 6-8 timmar, tillsätt äpplena under de sista 15 minuterna. Tillsätt ärtorna, höj värmen och koka i 10 minuter. Rör ner det kombinerade majsmjölet och vattnet under omrörning i 2 till 3 minuter. Krydda med salt och peppar.

Grillad middag av nötkött och bönor

Använd färdig salsa och salsa, plus en burk pintobönor för att piska ihop denna läckra rätt med ingredienser från ditt skafferi och frys.

Serverar 6

450 g/1 lb mager bakdel, skuren i 1½ cm remsor)
3 burkar med 400 g/14 oz röda bönor, avrunna och sköljda
225 g/8 oz färdig tomatsås
100g/4oz lätt till medelklar sås
3 lökar, fint hackade
2 vitlöksklyftor, krossade
2 msk cidervinäger
2-3 matskedar farinsocker
1–3 tsk chilipulver
2 tsk Worcestershiresås
100 g/4 oz sockermajs, tinad om den är fryst
salt och nymalen svartpeppar efter smak

Kombinera alla ingredienser, utom majs, salt och peppar, i långsam kokare. Täck över och koka på låg värme i 6 till 8 timmar, tillsätt sockermajsen under de sista 30 minuterna. Krydda med salt och peppar.

Paprika ryggbiffsgryta med gräddfil

Njut av mört kött och grönsaker i gräddfilssås med tillsatt paprika.

Serverar 4

450 g/1 lb benfri ryggbiff, avfettad, skuren i 1 cm strimlor

250 ml/8 fl oz nötköttsbuljong

Burk med 400 g/14 oz hackade tomater

500 g vaxartad potatis, tärnad

225 g/8 oz gröna bönor, halverade

100 g/4 oz vårlök eller schalottenlök

2 lagerblad

1 matsked paprika

120ml/4 fl oz gräddfil

1 matsked majsstärkelse

salt och nymalen svartpeppar efter smak

Blanda alla ingredienser, utom gräddfil, majsstärkelse, salt och peppar, i långsam kokare. Täck över och koka på låg i 6-8 timmar. Rör ner den kombinerade gräddfilen och majsstärkelsen, blanda i 2 till 3 minuter. Kasta lagerbladen. Krydda med salt och peppar.

Stroganoff av nötfärs och grönsaker

Gräddfil och en svampblandning ger en rik smak och krämig konsistens till denna favoriträtt.

Serverar 8

700 g/1 ½ lbs magert nötfärs

olja, för smörjning

120 ml/4 fl oz vatten

50 ml/2 fl oz torrt rött vin eller vatten

2 lökar, tunt skivade

2 vitlöksklyftor, krossade

225 g blandade vilda svampar, såsom shiitake, ostron, enoki eller brun hatt, skivad

1½ tsk dijonsenap

½ tsk torkad dill

225 g/8 oz broccolibuketter

250 ml/8 fl oz gräddfil

2 matskedar majsstärkelse

salt och nymalen svartpeppar efter smak

450 g nudlar, kokta, varma

Koka nötfärsen i en stor, lätt smord stekpanna på medelvärme tills den fått färg, cirka 10 minuter, bryt upp den med en gaffel. Kombinera nötköttet och andra ingredienser, förutom broccolin, gräddfil, majsstärkelse, salt, peppar och nudlar, i långsamkokaren. Sjud i 6-8 timmar, tillsätt broccolin under de sista 30 minuterna. Rör ner den kombinerade gräddfilen och majsstärkelsen, blanda i 2 till 3 minuter. Krydda med salt och peppar. Servera över nudlarna.

Nötkött med spiskummin och chili

Toppa denna läckra gryta med gräddfil och servera med varma tortillachips.

Serverar 8

600ml/1 pint kokande vatten

2-6 ancho eller annan het paprika, stjälkar, frön och ådror kasseras

4 tomater, skurna i klyftor

900 g mager oxfilé, tärnad (2 cm)

1 stor lök, hackad

2 vitlöksklyftor, krossade

1 tsk finhackad jalapeño eller annan medelvarm peppar

1 tsk torkad oregano

1 tsk malda spiskumminfrön

1 matsked majsstärkelse

3 matskedar kallt vatten

salt och nymalen svartpeppar efter smak

Röd paprika ris

Häll det kokande vattnet över anchochilin i en skål. Låt stå tills det mjuknat, ca 10 minuter. Bearbeta chili, vatten och tomater i en matberedare eller mixer tills de är slät. Kombinera chiliblandningen och de återstående ingredienserna, förutom majsstärkelse, vatten, salt, peppar och chiliris, i långsamkokaren. Täck över och koka på låg i 6-8 timmar. Sätt på lågan och koka i 10 minuter. Rör ner det kombinerade majsmjölet och vattnet under omrörning i 2 till 3 minuter. Krydda med salt och peppar. Servera över röd paprikaris.

Bourgogne nötkött

Denna franskinspirerade gryta är perfekt för ett stressfritt speciellt tillfälle.

Serverar 8

Mager bräserad biff 900g/2lbs l
250ml/8 fl oz Bourgogne eller annat rött vin
250 ml/8 fl oz nötköttsbuljong
1 matsked tomatpuré

2 lökar, hackade

1 tsk torkad timjan

1 tsk torkad rosmarin

1 tsk torkad dragon

175g/6oz vårlök eller schalottenlök

130 g svamp, skivad svamp

2 matskedar majsstärkelse

50 ml kallt vatten

25 g/1 oz färsk persilja, hackad

salt och nymalen svartpeppar efter smak

Kombinera nötkött, vin, fond, tomatpuré, hackad lök och örter i en 5,5 liter långkokare. Täck över och koka på låg värme i 6-8 timmar, tillsätt vårlöken och svampen under de sista 2 timmarna. Sätt på lågan och koka i 10 minuter. Rör ner det kombinerade majsmjölet och vattnet under omrörning i 2 till 3 minuter. Rör ner persiljan och smaka av med salt och peppar.

Biff Stroganoff

Alltid en populär rätt, att använda slow cookern gör köttet supermört och en idealisk huvudrätt för underhållning.

Serverar 4

450 g oxfilé eller ytterfilé, skuren i 1 cm strimlor

250 ml/8 fl oz nötköttsbuljong

250 g/9 oz svamp, skivad

1 lök, skivad

2 vitlöksklyftor, krossade

1 tsk dijonsenap

½ tsk torkad timjan

120ml/4 fl oz gräddfil

1 matsked majsstärkelse

salt och nymalen svartpeppar efter smak

425 g nudlar, kokta, varma

Blanda alla ingredienser, utom gräddfil, majsstärkelse, salt, peppar och nudlar, i långsamkokaren. Täck över och koka på låg i 6-8 timmar. Rör ner den kombinerade gräddfilen och majsstärkelsen, blanda i 2 till 3 minuter. Krydda med salt och peppar. Servera över nudlarna.

Krämig nötköttstroganoff med ris

Pepparrot ger en fin pikant smak. Öka mängden om du vill.

Serverar 4

450 g/1 lb mager oxfilé, i tärningar (2,5 cm/1 tum)

250 ml/8 fl oz nötköttsbuljong

50 ml Bourgogne rött vin (valfritt)

3 matskedar tomatpuré

225 g/8 oz svamp, skivad

2 lökar, hackade

2 stora vitlöksklyftor, krossade

1 tsk pepparrotsgrädde

½ tsk torkad timjan

1 lagerblad

175 ml/6 fl oz gräddfil

2 matskedar majsstärkelse

salt och nymalen svartpeppar efter smak

100 g/4 oz ris, kokt, varmt

Kombinera alla ingredienser, utom gräddfil, majsstärkelse, salt, peppar och ris, i långsamkokaren. Täck över och koka på låg i 6-8 timmar. Rör ner den kombinerade gräddfilen och majsstärkelsen, blanda i 2 till 3 minuter. Kasta lagerbladet. Krydda med salt och peppar. Servera över ris.

Nötkött och svampstroganoff

Servera i grunda skålar med varma krutonger för att suga upp juicen.

Serverar 4

1 lb/450 g mager biff, skuren i 1 cm strimlor

375 ml nötbuljong

225 g/8 oz svamp, skivad

1 lök, hackad

3 schalottenlök eller vårlökar, hackade

1 vitlöksklyfta, krossad

120–250 ml/4–8 fl oz gräddfil

2 matskedar majsstärkelse

salt och nymalen svartpeppar efter smak

Blanda alla ingredienser, utom gräddfil, majsstärkelse, salt och peppar, i långsam kokare. Täck över och koka på låg i 6-8 timmar.

Rör ner den kombinerade gräddfilen och majsstärkelsen, blanda i 2 till 3 minuter. Krydda med salt och peppar.

Nötkött Ragout

Servera denna gryta över kokt ris, nudlar eller spannmål, som korn, vetebär eller havrekorn.

Serverar 8

900 g mager bräserad biff, tärnad (2,5 cm/1 tum)

375 ml nötbuljong

2 stora morötter, skivade

2 st selleristänger, skivade

225g/8oz vårlök eller schalottenlök

1 vitlöksklyfta, hackad

1 tsk torkad oregano

1 tsk torkad timjan

2 matskedar majsstärkelse

50 ml kallt vatten

salt och nymalen svartpeppar efter smak

Kombinera alla ingredienser, utom majsstärkelse, vatten, salt och peppar, i en 5,5-quart/9½-pints slow cooker. Täck över och koka på låg i 6-8 timmar. Sätt på lågan och koka i 10 minuter. Rör ner det kombinerade majsmjölet och vattnet under omrörning i 2 till 3 minuter. Krydda med salt och peppar.

Gulasch av nötkött

I Ungern kallas denna paprikatoppade gryta gulyas och serveras ofta med klick gräddfil.

Serverar 4

12–450 g/1 lb mager gumpstek, i tärningar (2 cm)

400 g hackade tomater

225 g vitkål, grovt skivad

3 lökar, skurna i tunna klyftor

100 g/4 oz portabellasvamp, hackad

1 matsked paprika

2 teskedar spiskummin

1-2 matskedar majsstärkelse

50 ml kallt vatten

salt och nymalen svartpeppar efter smak

225 g medelstor äggpasta, kokt, varm

Kombinera alla ingredienser, utom majsstärkelse, vatten, salt, peppar och nudlar, i långsamkokaren. Täck över och koka på låg i 6-8 timmar. Sätt på lågan och koka i 10 minuter. Rör ner majsmjöl och vatten under omrörning i 2 till 3 minuter. Krydda med salt och peppar. Servera över nudlarna.

Ungersk gulasch

Denna traditionella rätt av mört nötkött är smaksatt med paprika och berikad med gräddfil.

Serverar 6

2 lbs/900 g mager gumpstek, i tärningar (2,5 cm/1 tum)
Burk med 400 g/14 oz hackade tomater
1 lök, finhackad
1 vitlöksklyfta, krossad
1½ tesked paprika
1 lagerblad
250 ml/8 fl oz gräddfil
2 matskedar majsstärkelse
salt och nymalen svartpeppar efter smak
350 g äggnudlar, kokta, varma

Blanda alla ingredienser, utom gräddfil, majsstärkelse, salt, peppar och nudlar, i långsamkokaren. Täck över och koka på låg i 6-8 timmar. Rör ner den kombinerade gräddfilen och majsstärkelsen, blanda i 2 till 3 minuter. Kasta lagerbladet. Krydda med salt och peppar. Servera över nudlarna.

Biffgryta med portvin

Catherine Atkinsons rika och läckra rätt har bara en antydan av sötma från melass, vilket ger den en nästan karibisk smak.

Serverar 4

175 g/6 oz rödlök, oskalad

2 matskedar solrosolja

700 g bräserat eller magert nötkött, putsad och skuren i tärningar (5 cm)

150 g/5 oz babyknappsvamp

1 vitlöksklyfta, pressad eller 1 tsk vitlökspuré

1 matsked 00 mjöl

300 ml/½ pint nötbuljong

2 apelsiner

1 matsked tomatpuré

1 matsked svart sirap

2 matskedar portvin

salt och nymalen svartpeppar

ris och en grön grönsak, att servera

Lägg löken i en värmesäker skål och häll tillräckligt med kokande vatten över dem för att täcka dem. Låt stå i 5-10 minuter medan du bryner köttet. Hetta upp oljan i en panna. Tillsätt nötköttet och koka i 5 minuter, vänd bitarna ofta tills de fått färg. Överför till keramikgrytan med en hålslev, lämna fett och juice kvar.

Låt löken rinna av och ta bort skalet när den är tillräckligt kall för att kunna hanteras. Lägg i pannan med svampen och koka försiktigt tills de börjar få färg. Rör ner vitlöken och skjut sedan blandningen åt sidan. Strö mjölet över fettet och saften i pannan. Blanda väl, tillsätt sedan buljongen gradvis och låt koka upp. Avlägsna från värme.

Ta bort skalet från apelsinerna genom att hjälpa dig själv med ett skal. Skär apelsinerna på mitten och pressa ur saften. Tillsätt skalet och saften i pannan. Rör ner tomatpuré, melass och portvin. Krydda med salt och peppar. Häll blandningen över nötköttet i keramikgrytan. Täck med lock och koka på svag värme i 6-8 timmar eller tills köttet och löken är väldigt mört. Servera med ris och en grön grönsak som gröna bönor.

Ungerskt nötkött

Servera denna rikt smaksatta nöt- och grönsaksgryta med varmt knaprigt bröd för att suga upp den underbara såsen.

Serverar 6

450 g mager biff, skuren i tunna strimlor

120 ml/4 fl oz nötköttsbuljong

120 ml torrt rött vin eller extra nötbuljong

225 g/8 oz färdig tomatsås

450 g potatis, skalad och tärnad

2 stora morötter, skivade

2 st selleristänger, skivade

2 lökar, fint hackade

1 stor vitlöksklyfta, krossad

1 tsk torkad timjan

1 tsk paprika

1 lagerblad

¼ tesked torrt senapspulver

120ml/4 fl oz gräddfil

1 matsked majsstärkelse

salt och nymalen svartpeppar

Blanda alla ingredienser, utom gräddfil, majsstärkelse, salt och peppar, i långsam kokare. Täck över och koka på låg i 6-8 timmar. Rör ner den kombinerade gräddfilen och majsstärkelsen, blanda i 2 till 3 minuter. Kasta lagerbladet. Krydda med salt och peppar.

Italiensk nötköttgryta

Grönpeppar, svamp, tomater och basilika smaksätter denna kötträtt.
Servera över linguinen.

Serverar 4

550 g/1¼ lb mager gumpstek, i tärningar (2,5 cm/1 tum)

Burk med 400 g/14 oz hackade tomater

2 lökar, hackade

1 grön paprika, hackad

75 g/3 oz svamp, skivad

3 schalottenlök eller vårlökar, hackade

1 tsk nötbuljonggranulat eller en nötbuljongtärning

1 tsk torkad basilika

1 tsk vitlökspulver

2 matskedar majsstärkelse

50 ml kallt vatten

salt och nymalen svartpeppar efter smak

175g linguine, kokt, varm

3 matskedar hackad färsk persilja

3 matskedar nyriven parmesan

Kombinera alla ingredienser, utom majsstärkelse, vatten, salt, peppar, linguini, persilja och ost, i långsam kokare. Täck över och koka på låg i 6-8 timmar. Sätt på lågan och koka i 10 minuter. Rör ner det kombinerade majsmjölet och vattnet under omrörning i 2 till 3 minuter. Krydda med salt och peppar. Servera över linguinen, strö över persilja och parmesan.

Five Spice Beef Gryta

En lättlagad rätt med mycket asiatisk smak, tack vare kinesiskt femkryddspulver och kinesisk chilisås.

Serverar 4

450 g/1 lb mager gumpstek, i tärningar (2,5 cm/1 tum)
175 ml/6 fl oz apelsinjuice
175 ml/6 fl oz nötköttsbuljong
225 g/8 oz grovt skivade kinesiska blad
1 lök, skuren i tunna klyftor
1 röd paprika, tunt skivad
1 matsked teriyakisås
1 tsk kinesisk chilisås med vitlök
1¼ tesked kinesiskt pulver med fem kryddor
100 g/4 oz bönsnudlar
salt och nymalen svartpeppar efter smak

Blanda alla ingredienser, utom nudlarna, salt och peppar i långsamkokaren. Täck över och koka i 6-8 timmar.

Under den sista timmen av tillagningen, blötlägg bönnudlarna i varmt vatten för att täcka i en stor skål i 15 minuter. Låt rinna av och lägg till grytan under de sista 30 minuterna av tillagningen. Krydda med salt och peppar.

Asiatiskt nötkött med sesamnudlar

Sesamnudlar är det perfekta tillbehöret till denna doftande maträtt.

Serverar 8

900 g mager bräserad biff, tärnad (2,5 cm/1 tum)

250 ml/8 fl oz vatten

2 tunna skivor färsk ingefära

2 vitlöksklyftor, halverade

2 vårlökar, skivade

3-4 matskedar sojasås

2-3 teskedar socker

3 matskedar torr sherry (valfritt)

50 g frysta ärtor, tinade

2 matskedar majsstärkelse

50 ml kallt vatten

salt och nymalen svartpeppar efter smak

Sesamnudlar (se nedan)

1 msk sesamfrön, rostade

finhackad färsk koriander, till garnering

Kombinera alla ingredienser, utom ärtor, majsstärkelse, kallt vatten, salt, peppar, sesamnudlar och sesamfrön, i långsam kokare. Täck över och koka på låg i 6-8 timmar. Tillsätt ärtorna, höj värmen och koka i 10 minuter. Rör ner det kombinerade majsmjölet och vattnet under omrörning i 2 till 3 minuter. Krydda med salt och peppar. Servera nötköttet över de varma sesamnudlarna och strö över sesamfrön och färsk koriander.

Sesamnudlar

Använd ljus eller mörk sesamolja baserat på dina önskemål. Mörkt är i allmänhet lägre än salt.

Serverar 8 som tillbehör

350 g tunna nudlar, kokta, varma
2-4 teskedar sojasås
2 tsk rostad sesamolja
2 vårlökar, tunt skivade

Koka nudlarna enligt anvisningarna på förpackningen. Kasta de varma nudlarna med resten av ingredienserna. Servera varm.

Teriyaki Biff och Broccoli

Japansk teriyakisås och ingefära ger denna maträtt massor av smak. Den kan också serveras över ris, pasta eller valfritt spannmål.

Serverar 4

12–450 g/1 lb mager oxfilé, skuren i 1 cm½ remsor
250 ml/8 fl oz nötköttsbuljong

1 lök, skuren i tunna klyftor

2 morötter, skivade

2,5 cm/1 bit färsk ingefära, fint riven

2 matskedar teriyakisås

350 g/12 oz små broccolibuketter

2 matskedar majsstärkelse

50 ml kallt vatten

salt och nymalen svartpeppar efter smak

225 g nudlar, kokta, varma

Kombinera alla ingredienser, utom broccoli, majsstärkelse, vatten, salt, peppar och nudlar, i långsam kokare. Täck över och koka på låg värme i 6 till 8 timmar, tillsätt broccolin under de sista 30 minuterna. Sätt på lågan och koka i 10 minuter. Rör ner det kombinerade majsmjölet och vattnet under omrörning i 2 till 3 minuter. Krydda med salt och peppar. Servera över nudlarna.

Mellanöstern nötkött och bönor Hot Pot

Söta kryddor ger Mellanöstern smakaccenter till den saftiga biffen.

Serverar 8

450g/1lb bräserad mager biff, i tärningar

175 g/6 oz torkade cannellinibönor

1 liter/1¾ pints nötbuljong

4 lökar, hackade

2 vitlöksklyftor, krossade

2 lagerblad

1 tsk torkad timjan

½ tsk mald kanel

en nypa mald kryddnejlika

275 g/10 oz tomater, tärnade

75 g/3 oz ris, kokt

salt och nymalen svartpeppar efter smak

Kombinera alla ingredienser, utom tomater, ris, salt och peppar, i en 5,5 liter långkokare. Täck över och koka på låg värme tills bönorna är mjuka, 7 till 8 timmar, tillsätt tomater och ris under de sista 30 minuterna. Kasta lagerbladen. Krydda med salt och peppar.

Biff curry gryta med gräslök scones

En del av nötköttet i denna aromatiska gryta är grovt hackat, vilket ger grytan en extra rik konsistens.

Serverar 8

Mager bräserad biff 900g/2lbs l

375 ml nötbuljong

3 lökar, hackade

1 stor tomat, grovt hackad

1½ tesked currypulver

2 lagerblad

salt och nymalen svartpeppar efter smak

275 g/10 oz frysta ärtor, tinade

4 enkla scones, halverade

smält smör eller matlagningsspray

färsk eller torkad hackad gräslök, till garnering

Skär hälften av köttet i 2,5 cm/1. Hacka resten av köttet grovt. Kombinera nötköttet och de återstående ingredienserna, förutom salt, peppar, ärtor, bullar och smör eller matlagningsspray, i långsamkokaren. Täck över och koka på låg i 6-8 timmar. Kasta lagerbladen. Krydda med salt och peppar. Lägg i ärtorna och lägg sconeshalvorna med de skurna sidorna nedåt på grytan. Pensla lätt sconesen med smör eller ringla över olja och strö över gräslök. Täck över och koka i 15 minuter.

Grekiskt nötkött med linser

Linser och färska grönsaker är läckra följeslagare till denna enkla gryta.

Serverar 6

450 g oxfilé, i tärningar (2 cm)

750 ml/1¼ pints nötbuljong

Burk med 400 g/14 oz hackade tomater

350 g/12 oz mjölig potatis, tärnad

275 g/10 oz franska bönor, skurna i korta bitar

175 g/6 oz torra gröna eller bruna linser

2 lökar, hackade

1 grön paprika, hackad

2 vitlöksklyftor, krossade

1 tsk torkad oregano

1 tsk torr mynta

½ tsk gurkmejapulver

½ tsk mald koriander

1 zucchini, tärnad

salt och nymalen svartpeppar efter smak

Kombinera alla ingredienser, utom zucchini, salt och peppar i en 5,5 liter långkokare. Täck över och koka på låg värme i 6-8 timmar, tillsätt zucchini de sista 30 minuterna. Krydda med salt och peppar.

Romerska Köttbullar Med Pasta

Köttbullar kombinerade med grönsaker och trefärgad pasta i en läcker gryta. Köttbullarna blir mindre sköra att hantera om du först bryner dem i en lätt smord panna.

Serverar 4

Köttbullar alla Romano (se nedan)

900 ml/1½ pints nötbuljong

Burk med 400 g/14 oz konserverade skalade tomater

½ lök, hackad

1 tsk torkad italiensk örtkrydda

100 g/4 oz tricolor fusilli, kokt

350 g/12 oz små broccolibuketter

3 matskedar majsmjöl

75ml/2½ fl oz kallt vatten

salt och nymalen svartpeppar efter smak

Kombinera alla ingredienser, utom pasta, broccoli, majsstärkelse, vatten, salt och peppar, i den långsamma kokaren och se till att köttbullarna är nedsänkta. Täck över och koka på låg värme i 6-8 timmar, tillsätt pastan och broccolin under de sista 15 minuterna. Sätt på lågan och koka i 10 minuter. Rör ner det kombinerade majsmjölet och vattnet under omrörning i 2 till 3 minuter. Krydda med salt och peppar.

romerska köttbullar

Dessa läckra biffbiffar har lagt till textur från havren.

För 16 köttbullar

225 g/8 oz magert nötfärs

1 äggvita

50 g havregryn

1 msk torkad hackad lök

½ tesked torkad italiensk örtkrydda

50 g nyriven parmesan eller romersk

Blanda alla ingredienser i en skål. Forma 16 köttbullar med blandningen.

pasta med köttsås

Bolognesesås är förvisso den mest kända och mest uppskattade av pastasåser.

Serverar 6

450 g/1 lb magert nötfärs

olja, för smörjning

½ lök, hackad

½ morot, hackad

½ stängselleri, finhackad

3 vitlöksklyftor, krossade

1½ tesked torkad italiensk örtkrydda

en nypa nyriven muskotnöt

225 g/8 oz färdig tomatsås

225 g/8 oz tärnade tomater

50 ml torrt rött vin eller tomatjuice

½ tsk salt

nymalen svartpeppar, efter smak

350 g spagetti, kokt, varm

Koka nötfärsen i en lätt smord medelstor stekpanna på medelvärme tills den fått färg, 5 till 8 minuter, bryt upp den med en gaffel. Kombinera nötköttet och övriga ingredienser, förutom spaghettin, i långsamkokaren. Täck över och koka på låg i 6-7 timmar. Om du vill ha en tjockare konsistens, koka utan lock, höj värmen, de sista 30 minuterna. Servera såsen över spaghetti.

Stek i tomatsås

Strimlor av biff tillagas med potatis, ärtor och morötter i en tomatsås.

Serverar 6

700 g mager bräserad biff, skuren i 1 cm strimlor
400 g/14 oz burk hackade tomater med örter
225 g/8 oz färdig tomatsås
4 hårda potatisar, tärnade
1 stor lök, tunt skivad
½ tsk vitlökspulver
275 g/10 oz frysta ärtor och morötter, tinade
2 matskedar majsstärkelse
50 ml/2 fl oz vatten
salt och nymalen svartpeppar efter smak

Kombinera alla ingredienser, förutom frysta grönsaker, majsstärkelse, vatten, salt och peppar, i en 5,5 liter långkokare. Täck över och koka på låg värme i 6-8 timmar, tillsätt de tinade frysta grönsakerna under de sista 10 minuterna. Sätt på lågan och koka i 10 minuter. Rör ner det kombinerade majsmjölet och vattnet under omrörning i 2 till 3 minuter. Krydda med salt och peppar.

Trädgårdsgrönsaker med rejäla köttbullar

Om du har tid, bryn köttbullarna i en lätt smord stor stekpanna eller tillaga dem i 180ºC/gas 4/luftugn 160ºC tills de blir gyllenbruna: de blir mindre sköra och snyggare. Lägg försiktigt i köttbullarna i långsamkokaren så att de inte faller isär.

Serverar 6

Köttbullar
250 ml/8 fl oz nötköttsbuljong
2 burkar med 400 g/14 oz hackade tomater
3 morötter, tjockt skivade
1 tsk torkad basilika
2 små zucchini, skivade
50 g frysta ärtor, tinade
2 matskedar majsstärkelse
50 ml kallt vatten
salt och nymalen svartpeppar efter smak
350 g nudlar eller fettuccine, kokta, varma

Kombinera alla ingredienser, utom zucchini, ärtor, majsmjöl, vatten, salt, peppar och nudlar, i en 5,5 liter långkokare och se till att biffarna är nedsänkta. Täck över och koka på låg värme i 6-8 timmar, tillsätt zucchini och ärter under de sista 20 minuterna. Sätt på lågan och koka i 10 minuter. Rör ner det kombinerade majsmjölet och vattnet under omrörning i 2 till 3 minuter. Krydda med salt och peppar. Servera över nudlarna.

Saltad nötkött och rödkål

Rotfrukter och kål är en bra grund för smakrikt kött.

Serverar 4

450 g/1 lb nötkött eller corned beef brisket, i tärningar
450 g rödkål, grovt skivad
120 ml/4 fl oz kycklingbuljong
4 hårda potatisar, tärnade
1 stor morot, skivad
150 g/5 oz kålrot, i tärningar
1 msk cidervinäger
1 tsk pickle krydda
salt och nymalen svartpeppar efter smak

Blanda alla ingredienser, utom salt och peppar, i långsam kokare. Täck över och koka på låg i 6-8 timmar. Krydda med salt och peppar.

Kalvkött med salvia

Salvia och torrt vitt vin ger denna rätt en delikat touch.

Serverar 6

550 g/1¼ lb benfria kalvben, i tärningar

250 ml/8 fl oz kycklingbuljong

120 ml torrt vitt vin

1 lök, hackad

2 st selleristänger, skivade

2 morötter, skivade

2 vitlöksklyftor, hackade

½ tesked torkad salvia

½ tsk torkad timjan

salt och nymalen svartpeppar efter smak

350 g äggnudlar, kokta, varma

Kombinera alla ingredienser, utom salt, peppar och pasta, i långsamkokaren. Täck över och koka på låg i 6-8 timmar. Krydda med salt och peppar. Servera över nudlarna.

Kalvsoppa med ärtor och svamp

Detta skulle också vara gott att servera med potatismos.

Serverar 6

550 g/1¼ lb benfria kalvben, i tärningar

250 ml/8 fl oz kycklingbuljong

1 lök, hackad

2 st selleristänger, skivade

175 g/6 oz svamp, skivad

2 vitlöksklyftor, hackade

½ tesked torkad salvia

½ tsk torkad timjan

75 g/3 oz fryst petits pois, tinat

175 ml/6 fl oz mjölk

2 matskedar majsstärkelse

50 ml kallt vatten

salt och nymalen svartpeppar efter smak

350 g äggnudlar, kokta, varma

Kombinera alla ingredienser, utom petits pois, mjölk, majsstärkelse, vatten, salt, peppar och nudlar, i långsamkokaren. Täck över och koka på låg i 5-7 timmar. Tillsätt petits pois och mjölken och koka på svag värme ytterligare en timme. Slå på långsamkokaren och koka i 10 minuter. Blanda majsmjölet och kallt vatten och rör om i 2-3 minuter. Krydda med salt och peppar. Servera över nudlarna.

Marsala kalvkött

I den här grytan kan du ersätta kycklingbröstet med kalvköttet och kycklingfonden mot Marsala. Servera över ris, om så önskas.

Serverar 4

450 g/1 lb magert kalvlägg, i tärningar
250 ml/8 fl oz kycklingbuljong
50–120 ml/2–4 fl oz Marsala
175 g/6 oz svamp, skivad
2 vitlöksklyftor, krossade
¼–½ tesked torkad rosmarin, hackad
2 matskedar majsstärkelse
50 ml kallt vatten
salt och nymalen svartpeppar efter smak

Blanda alla ingredienser, utom majsstärkelse, vatten, salt och peppar, i långsam kokare. Täck över och koka på låg i 6-8 timmar. Sätt på lågan och koka i 10 minuter. Rör ner det kombinerade majsmjölet och vattnet under omrörning i 2 till 3 minuter. Krydda med salt och peppar.

Kalvkött paprikash och grönsaker

Använd varm eller söt paprika i detta recept baserat på dina önskemål.

Serverar 6

700 g/1½ lb benfria kalvben, i tärningar (1 cm/½ tum)

250 ml/8 fl oz kycklingbuljong

225 g vitkål, tunt skivad

2 lökar, skivade

1 stor morot, skivad

1 grön paprika, skivad

75 g/3 oz svamp, skivad

200 g/7 oz tomater, hackade

1 matsked paprika

1 zucchini, skivad

120ml/4 fl oz gräddfil

2 matskedar majsstärkelse

salt och nymalen svartpeppar efter smak

350 g nudlar, kokta, varma

Kombinera alla ingredienser, utom zucchini, gräddfil, majsstärkelse, salt, peppar och nudlar, i en 5,5 liter långkokare. Täck över och koka på låg värme i 6-8 timmar, tillsätt zucchini de sista 30 minuterna. Rör ner den kombinerade gräddfilen och majsstärkelsen, blanda i 2 till 3 minuter. Krydda med salt och peppar. Servera över nudlarna.

Kalvkött i vin

Kycklingbröst kan ersätta kalvkött i detta recept. Servera över ris eller pasta, med en grönsallad och varma krutonger.

Serverar 6

700 g kalvben utan ben, i tärningar (2 cm)
120 ml/4 fl oz kycklingbuljong
120 ml/4 fl oz färdig tomatsås
120 ml torrt vitt vin
175 g sötpotatis, skalad och tärnad
1 stor lök, hackad
1 vitlöksklyfta, krossad
¼ röd paprika, finhackad
¼ grön paprika, hackad
100g/4oz frysta ärtor, tinade
2 matskedar majsstärkelse
50 ml kallt vatten
salt och nymalen svartpeppar efter smak

Kombinera alla ingredienser, utom ärtor, majsstärkelse, vatten, salt och peppar, i långsam kokare. Täck över och koka på låg i 6-8 timmar. Tillsätt ärtorna, höj värmen och koka i 10 minuter. Rör ner det kombinerade majsmjölet och vattnet under omrörning i 2 till 3 minuter. Krydda med salt och peppar.

Saltat kalvkött med spiskummin

Kummin och anisfrön ger denna gryta en varm, kryddig smak.

Serverar 8

900 g magert kalvlägg, tärnad (2 cm)

120 ml/4 fl oz kycklingbuljong

120ml/4 fl oz torrt vitt vin eller extra kycklingfond

1 liten kål, skuren i 8 klyftor

3 purjolök (endast vita delar), tjockt skivad

175 g/6 oz svamp, skivad

3 vitlöksklyftor, krossade

1 tsk spiskummin, hackade

¾ tesked anisfrön, krossade

2 lagerblad

1 matsked majsstärkelse

120ml/4 fl oz gräddfil

salt och nymalen svartpeppar efter smak

Kombinera alla ingredienser, utom majsstärkelse, gräddfil, salt och peppar, i en 5,5 liter långkokare. Täck över och koka på låg i 6-8 timmar. Rör ner det kombinerade majsmjölet och gräddfilen, rör om i 2 till 3 minuter. Kasta lagerbladen. Krydda med salt och peppar.

Kalvkött Sauvignon

Denna doftande gryta är också utsökt serverad över aromatiskt ris, som basmati eller jasmin.

Serverar 4

450 g benfria kalvkotletter, skurna i tunna strimlor
120 ml/4 fl oz kycklingbuljong
120 ml torrt vitt vin
1 lök, halverad och tunt skivad
1 vitlöksklyfta, krossad
1 tsk torr mejram
1 matsked tomatpuré
½ blomkål, delad i små buketter
150 g/5 oz mangold eller spenat, strimlad
salt och nymalen svartpeppar efter smak
225 g nudlar, kokta, varma

Blanda alla ingredienser, utom blomkål, mangold, salt, peppar och pasta, i långsamkokaren. Täck över och koka på låg värme i 6 till 8 timmar, tillsätt blomkål och mangold under de sista 30 minuterna. Krydda med salt och peppar. Servera över nudlarna.

Kalvkött medelhavsstil

Du kan ersätta nötkött eller fläsk i detta recept. Om du föredrar en tjockare sås, tjockna i slutet av tillagningen med 1-2 matskedar majsstärkelse blandat med 50 ml kallt vatten.

Serverar 6

700 g/1½ lb magert kalvlägg, i tärningar
250 ml/8 fl oz kycklingbuljong
Burk med 400 g/14 oz hackade tomater
2 matskedar tomatpuré
1 lök, grovt hackad
1 morot, grovt hackad
2 vitlöksklyftor, krossade
¾ tesked torkad timjan
¾ tesked torkad basilika
1 lagerblad
50 g urkärnade oliver
2 msk avrunnen kapris
salt och nymalen svartpeppar efter smak
350g linguine, kokt, varm

Kombinera alla ingredienser, utom oliverna, kapris, salt, peppar och pasta, i långsamkokaren. Täck över och koka på låg värme i 6-8 timmar, tillsätt oliver och kapris under de sista 30 minuterna. Kasta lagerbladet. Krydda med salt och peppar. Servera över pasta.

Kalvköttbullar Med Gräddfilssvampsås

Det delikata kalvköttet förstärks av en gräddsås som serveras med fettuccine.

Serverar 4

225 g/8 oz svamp, skivad
Kalvköttbullar (se nedan)
120 ml/4 fl oz kycklingbuljong
250 ml/8 fl oz gräddfil
3 matskedar majsmjöl
salt och nymalen svartpeppar efter smak
225 g nudlar, kokta, varma

Lägg tre fjärdedelar av svampen i långsamkokaren. Täck med resterande köttbullar och svamp. Häll i buljongen. Täck över och koka på låg i 5-6 timmar. Ta bort köttbullarna och håll dem varma. Rör ner den kombinerade gräddfilen och majsstärkelsen i buljongen, rör om i 2 till 3 minuter. Krydda med salt och peppar. Servera köttbullarna och såsen på nudlarna.

Kalvköttbullar

Malet kyckling, fläsk eller nötkött kan ersätta kalvkött.

För 12-16 köttbullar

700g/1½ lbs malet kalvkött
2 vårlökar, fint hackade
1 vitlöksklyfta, krossad
2 ägg
50 ml kycklingbuljong eller mjölk
40 g/1½ oz torrt brödsmulor
1 tesked salt
tesked peppar

Blanda alla ingredienser i en skål. Forma 12-16 köttbullar med blandningen.

bräserat kalvkött

Gremolata, en skarp blandning av finhackad persilja, citronskal och vitlök, läggs traditionellt till denna klassiska norditalienska maträtt.

Serverar 6

1,75 kg/4 lbs kalvlägg skuren i 6 bitar, fett borttaget
2 burkar med 400 g/14 oz hackade tomater
120 ml/4 fl oz torrt vitt vin eller vatten
3 morötter, hackade
3 vitlöksklyftor, krossade
2 selleristjälkar, tunt skivade
1 lök, hackad
¾ tesked torkad basilika
¾ tesked torkad timjan
2 lagerblad
Gremolata
salt och nymalen svartpeppar efter smak
225 g/8 oz ris, kokt, varmt

Kombinera alla ingredienser, utom Gremolata, salt, peppar och ris, i en 5,5 liter långkokare. Täck över och koka på låg i 6-8 timmar. Kasta lagerbladen. Tillsätt hälften av Gremolatan och smaka av med salt och peppar. Servera över riset och vänd runt resterande Gremolata.

Fläskkarré Fylld Med Frukt

Fläsket smakar alltid perfekt i kontrast till frukten och katrinplommonen blir ett särskilt fylligt tillbehör. Om du föredrar det kan du använda vilken torkad frukt som helst i denna doftande fyllning.

Serverar 6-8

130 g urkärnade katrinplommon
Fläskkarré benfri 900 g/2 lbs
½ äpple, skalat och hackat
½ tsk torr mejram
½ tesked torkad salvia
salt och nymalen svartpeppar efter smak
120 ml/4 fl oz torrt vitt vin eller äppeljuice
2 matskedar majsstärkelse
2 skedar honung
175 ml/6 fl oz helmjölk eller vispad grädde

Blötlägg katrinplommonerna i varmt vatten för att täcka tills de mjuknat, 10 till 15 minuter. Dränera väl. Grovhacka. Skjut handtaget på en lång träslev genom mitten av länden för att göra en öppning för fyllningen.

Blanda plommon, äpple och örter. Skjut blandningen genom köttet och hjälp dig själv med handtaget på en träslev. Strö lätt utsidan av steken med salt och peppar. Lägg en kötttermometer i köttet, se till att spetsen inte vilar i fyllningen.

Lägg fläsket och vinet eller äppeljuice i långsamkokaren. Täck över och koka på låg värme tills temperaturen når 71ºC, cirka 3 timmar. Lägg över köttet på en tallrik och håll det varmt. Sätt på lågan och koka i 10 minuter. Rör i det kombinerade majsmjölet, honung och mjölk eller grädde, rör om i 2 till 3 minuter.

Mjölkbräserad fläskkarré

Fläsk är extremt mört och fuktigt när det rostas i mjölk. Mjölken och matlagningsjuicerna dräneras sedan och ostmassan kasseras för att få en smakrik sås.

Serverar 8

Benfri fläskkarré 1,5 kg/3 lb
salt och nymalen svartpeppar efter smak
120ml/4 fl oz helmjölk
50 ml/2 fl oz torrt vitt vin eller mjölk
2 stora kvistar färsk rosmarin
2 kvistar färsk salvia
2 vitlöksklyftor, krossade

Strö lätt över fläsket med salt och peppar. Sätt in en kötttermometer i mitten av steken så att spetsen är i mitten av köttet. Lägg köttet och övriga ingredienser i långsamkokaren. Täck över och koka på låg värme tills kötttermometern registrerar 71ºC, ca 4 timmar. Ta upp till ett fat. Sila av buljongen och kassera ostmassan och örterna. Gör sås med fond eller spara den för annan användning.

Obs: För att göra såsen, mät upp den silade buljongen och häll den i en kastrull. Värm tills det kokar. För varje 250 mL/8 fl oz buljong, vispa i 2 msk mjöl blandat med 50 mL/2 fl oz kallt vatten, vispa tills det är tjockt, cirka 1 minut.

Fläskbullar

Jag föreslår att du använder hamburgerbullarna här, men du kan också prova vitt eller brunt knaprigt franskbröd.

Serverar 10

1 benfri, fettfri sidfläsk (ca 1,5 kg/3 lb)
Gnid in kryddorna
450ml/¾ pint färdig grillsås
50 ml rödvinsvinäger
50 g ljust rörsocker
2 medelstora lökar, skivade
120 ml/4 fl oz vatten
rostade hamburgerbullar
dill pickles

Gnid in sidfläsk med Spice Rub och lägg i den långsamma kokaren. Rör ner de övriga kombinerade ingredienserna förutom hamburgerbullarna och dillgurka. Täck över och koka på låg i 6-8 timmar, ställ in värmen på hög de sista 20-30 minuterna. Lägg över fläsket på ett fat och låt vila, täckt med folie, ca 10 minuter. Strimla fläsket med en gaffel och tillsätt det i grillblandningen. Ordna fläsket inuti rostade hamburgerbullar och garnera med dillgurka.

Helstekt fläsk med mangochutney

En hemmagjord mango chutney smakar underbart till stekt fläsk. Förbered chutneyn i förväg. Den håller i kylen i flera veckor. Det går även utmärkt att servera med kyckling.

Serverar 8

1 lök, finhackad
120 ml/4 fl oz kycklingbuljong
Benfri fläskkarré 1,5 kg/3 lb
paprika
salt och nymalen svartpeppar
Mango Chutney (se nedan)

Lägg löken och buljongen i långsamkokaren. Strö lätt över fläsket med paprika, salt och peppar. Sätt in en kötttermometer i mitten av fläsket så att spetsen är i mitten av köttet. Placera fläsket i långsamkokaren. Täck över och koka på låg värme tills kötttermometern registrerar 71ºC, ca 4 timmar. Lägg över fläsket på ett fat och låt det vila, täckt i aluminiumfolie, cirka 10 minuter. Gör sås med buljongblandning eller reservera för soppa eller annan användning. Servera fläsket med Mango Chutney.

Obs: För att göra såsen, mät upp fondblandningen och häll i en liten kastrull. Värm tills det kokar. För varje 250 mL/8 fl oz buljongblandning, vispa i 2 msk mjöl blandat med 50 mL/2 fl oz kallt vatten, vispa tills det är tjockt, cirka 1 minut.

Mangosylt

Servera med curry eller fläsk.

Serverar 8 som tillbehör

3 mango, hackad

225 g/8 oz ljust farinsocker

120 ml/4 fl oz cidervinäger

40 g/1½ oz sultan

2 tsk finhackad jalapeño eller annan medelvarm peppar

4 cm/1½ färsk ingefära rot, fint riven

1 stor vitlöksklyfta, krossad

4 kardemummaskidor, krossade

1 liten kanelstång

2 kryddnejlika

Salt att smaka

Blanda alla ingredienser i slow cookern. Täck över och koka på hög värme i 3 och en halv timme. Avtäck och koka tills det tjocknat, cirka 2 timmar. Kall. Kyla. Smaka av med salt.

Fläskkarré Med Senapssås

Denna sidfläsk tillagas till perfektion på cirka 4 timmar och serveras färsk med en senapssås.

Serverar 8

2 lökar, hackade
120 ml/4 fl oz kycklingbuljong
Benfri fläskkarré 1,5 kg/3 lb
paprika
salt och nymalen svartpeppar
Senapssås (se nedan)

Lägg löken och buljongen i långsamkokaren. Strö lätt över fläsket med paprika, salt och peppar. Sätt in en kötttermometer i mitten av steken så att spetsen är i mitten av köttet. Placera fläsket i långsamkokaren. Täck över och koka på låg värme tills kötttermometern registrerar 71ºC, ca 4 timmar. Lägg över fläsket på ett fat och låt det vila, täckt i aluminiumfolie, cirka 10 minuter. Filtrera buljongen och löken. Ordna löken runt fläsket. Spara buljongen för soppa eller annan användning. Servera fläsk med senapssås.

senapssås

Den perfekta såsen att servera till fläsk i alla former.

Gör cirka 300 ml/½ pint

200 g strösocker
25 g/1 oz torrt senapspulver
1 matsked mjöl
120 ml/4 fl oz cidervinäger
2 ägg
1 matsked smör eller margarin

Blanda socker, senapspulver och mjöl i en liten kastrull. Vispa vinäger och ägg. Koka på låg värme tills det tjocknat, cirka 10 minuter. Tillsätt smöret eller margarinet.

Fläskstek med marmeladsås ti

Spara den återstående buljongen i långsamkokaren för annan användning. Om du inte har apelsinlikör till syltsåsen, använd samma mått vatten.

Serverar 8

2 lökar, hackade
120 ml/4 fl oz kycklingbuljong
Benfri fläskkarré 1,5 kg/3 lb
paprika
salt och nymalen svartpeppar
Syltsås (se nedan)

Lägg löken och buljongen i långsamkokaren. Strö lätt över fläsket med paprika, salt och peppar. Sätt in en kötttermometer i mitten av steken så att spetsen är i mitten av köttet. Placera fläsket i långsamkokaren. Täck över och koka på låg värme tills kötttermometern registrerar 71ºC, ca 4 timmar. Lägg över fläsket på ett fat och låt det vila, täckt i aluminiumfolie, cirka 10 minuter. Filtrera buljongen och löken. Ordna löken runt fläsket. Servera fläsket med syltsåsen.

Syltsås

Förtjusande till stekt fläsk, men också som pålägg till otaliga kakor och puddingar.

För 450 g/1 lb

450 g/1 lb apelsinmarmelad
2 matskedar smör eller margarin
2 matskedar apelsinlikör

Hetta upp sylt, smör eller margarin och likör i en kastrull tills det är rykande hett.

Fläskkarré Med Löksås

Löksåsen passar mycket bra till helstekt fläsk och även till rostbiff och korv.

Serverar 8

2 lökar, hackade

120 ml/4 fl oz kycklingbuljong

Benfri fläskkarré 1,5 kg/3 lb

paprika

salt och nymalen svartpeppar

vetemjöl

kallt vatten eller mjölk

Lägg löken och buljongen i långsamkokaren. Strö lätt över fläsket med paprika, salt och peppar. Sätt in en kötttermometer i mitten av steken så att spetsen är i mitten av köttet. Placera fläsket i långsamkokaren. Täck över och koka på låg värme tills kötttermometern registrerar 71ºC, ca 4 timmar. Lägg över fläsket på ett fat och låt det vila, täckt i aluminiumfolie, cirka 10 minuter.

För att göra löksåsen, sila av fonden i en måttbägare, spara löken. Värm buljongen till kokpunkten i en medelstor stekpanna. För varje 250 ml/8 fl oz fond, tillsätt 2 msk mjöl och 50 mL/2 fl oz kallt vatten eller mjölk, rör om tills det tjocknat, cirka 1 minut. Krydda med salt och peppar. Ordna löken runt fläsket och servera med löksåsen.

Fläskkarré med ingefära tomatsås

Spara den silade buljongen till soppa eller annat bruk.

Serverar 8

2 lökar, hackade
120 ml/4 fl oz kycklingbuljong
Benfri fläskkarré 1,5 kg/3 lb
paprika
salt och nymalen svartpeppar
Tomat ingefärsdressing (se nedan)

Lägg löken och buljongen i långsamkokaren. Strö lätt över fläsket med paprika, salt och peppar. Sätt in en kötttermometer i mitten av steken så att spetsen är i mitten av köttet. Placera fläsket i långsamkokaren. Täck över och koka på låg värme tills kötttermometern registrerar 71ºC, ca 4 timmar. Lägg över fläsket på ett fat och låt det vila, täckt i aluminiumfolie, cirka 10 minuter. Sila av fonden och spara löken till Ginger Tomat Dressing. Servera fläsk med ingefära tomatsås.

Ingefära tomatdressing

Om du gör det till receptet för sidfläsk på den här sidan, skulle du för enkelhetens skull använda löken som tappats från buljongen i slutet av tillagningen, istället för att förbereda dem från grunden.

Serverar 8 som tillbehör

2 lökar, hackade
en klick olivolja till stekning
275 g/10 oz tomater, tärnade
75 g/3 oz zucchini, finhackad
1 morot, finhackad
2,5 cm/1 bit färsk ingefära, fint riven
salt och nymalen svartpeppar

Fräs löken i en klick olivolja tills de fått lite färg i en medelstor stekpanna. Tillsätt tomater, zucchini, morot och ingefära och värm, täckt, tills tomaterna är mjuka och bubbliga, 3 till 4 minuter. Sjud snabbt utan lock tills överflödig vätska är borta, cirka 5 minuter. Krydda med salt och peppar.

Fläskkarré med tranbärscoulis

Du kanske inte har tänkt på ett tranbärsbaserat tillbehör till fläsket, men de två passar väldigt bra ihop.

Serverar 8

120 ml/4 fl oz kycklingbuljong
Benfri fläskkarré 1,5 kg/3 lb
paprika
salt och nymalen svartpeppar
Tranbärscoulis (se nedan)

Lägg buljongen i långsamkokaren. Strö lätt över fläsket med paprika, salt och peppar. Sätt in en kötttermometer i mitten av steken så att spetsen är i mitten av köttet. Placera fläsket i långsamkokaren. Täck över och koka på låg värme tills kötttermometern registrerar 71ºC, ca 4 timmar. Lägg över fläsket på ett fat och låt det vila, täckt i aluminiumfolie, cirka 10 minuter. Servera fläsket med tranbärscoulis.

Tranbärscoulis

Glöm inte att låta tranbären tina om du använder dem frysta.

Serverar 8 som tillbehör

175 g/6 oz färska eller tinade frysta tranbär

250 ml/8 fl oz apelsinjuice

50 g strösocker

2-3 matskedar honung

Hetta upp tranbären med apelsinjuice, socker och honung i en medelstor stekpanna. Sänk värmen och låt sjuda under lock tills tranbären är mjuka, 5 till 8 minuter. Bearbeta i en matberedare eller mixer tills nästan slät.

Fläskkarré med konjak konjak körsbärssås

Körsbärssåser är mest kända som tillbehör till anka, men den här passar utmärkt till sidfläsk.

Serverar 8

120 ml/4 fl oz kycklingbuljong

Benfri fläskkarré 1,5 kg/3 lb

paprika

salt och nymalen svartpeppar

Lägg buljongen i långsamkokaren. Strö lätt över fläsket med paprika, salt och peppar. Sätt in en kötttermometer i mitten av steken så att spetsen är i mitten av köttet. Placera fläsket i långsamkokaren. Täck över och koka på låg värme tills kötttermometern registrerar 71ºC, ca 4 timmar. Lägg över fläsket på ett fat och låt det vila, täckt i aluminiumfolie, cirka 10 minuter. Servera fläsk med konjakkörsbärssås.

Brandy körsbärssås

Denna dipp är läcker gjord med färska körsbär när de är i säsong, men tinad kommer att göra det bra.

Serverar 8 som tillbehör

2 matskedar socker

2 teskedar majsstärkelse

¼ tesked mald kryddpeppar

120ml/4 fl oz kallt vatten
175 g/6 oz urkärnade mörka söta körsbär
1 matsked konjak
citronsaft, efter smak

Blanda socker, majsstärkelse, kryddpeppar och kallt vatten i en medelstor stekpanna. Rör ner körsbären och låt koka upp under omrörning tills de tjocknat, ca 1 minut. Rör ner konjaken och tillsätt citronsaft efter smak.

Grillad Fläskaxel Med Nudlar

Denna fläskstek tillagas med mörhet som faller isär, perfekt för följande varianter: saltat fläsk, teriyaki-fläsk och fläsktacos.

Serverar 8

2 lökar, hackade
250 ml/8 fl oz kycklingbuljong
1,5 kg/3lbs benfri fläskaxel l
salt och nymalen svartpeppar
3 matskedar majsmjöl

75 ml/2½ fl oz vatten

450 g nudlar, kokta, varma

Lägg löken och buljongen i långsamkokaren. Strö lätt över fläsket med salt och peppar och lägg i långsamkokaren. Täck över och koka på låg i 7-8 timmar. Ta bort fläsket och strimla köttet.

Ställ in slow cookern på High. Koka i 10 minuter. Rör ner det kombinerade majsmjölet och vattnet under omrörning i 2 till 3 minuter. Lägg tillbaka fläsket i långsamkokaren och rör om. Servera över nudlarna.

Fläsk med salta örter

Servera denna doftande örtfläsk över nudlar eller ris eller använd den som en läcker smörgåsfyllning.

Serverar 8

2 lökar, hackade

1 grön paprika, skivad

250 ml/8 fl oz kycklingbuljong

3 vitlöksklyftor, krossade

2 teskedar olivolja

1 tsk torkad salvia

1 tsk torkad timjan
salt och nymalen svartpeppar
1,5 kg/3lbs benfri fläskaxel l
3 matskedar majsmjöl
75 ml/2½ fl oz vatten

Lägg löken, skivad paprika och buljong i långsamkokaren. Blanda vitlök, olivolja, salvia, timjan, 1/2 tsk salt och en rejäl malning av peppar och gnid över hela fläsket. Placera fläsket i långsamkokaren. Täck över och koka på låg i 7-8 timmar. Ta bort fläsket och strimla köttet.

Ställ in slow cookern på High. Koka i 10 minuter. Rör ner det kombinerade majsmjölet och vattnet under omrörning i 2 till 3 minuter. Lägg tillbaka fläsket i långsamkokaren och rör om.

Teriyaki fläsk

Detta möra fläsk är utsökt serverat med nudlar eller ris, eller till och med rullat i varma mjöltortillas.

Serverar 8

2 lökar, hackade
250 ml/8 fl oz kycklingbuljong
1,5 kg/3lbs benfri fläskaxel l
salt och nymalen svartpeppar
50 ml teriyakimarinad

Lägg löken och buljongen i långsamkokaren. Strö lätt över fläsket med salt och peppar och lägg i långsamkokaren. Täck över och koka på låg i 7-8 timmar. Ta bort fläsket och strimla köttet. Blanda nötköttet med teriyakimarinad, tillsätt tillräckligt med fond och lök för att fukta.

fläsk tacos

Du kan göra din egen tacokrydda, men jag tycker att de färdiga mixpaketen är väldigt, väldigt goda.

Serverar 8

250 ml/8 fl oz kycklingbuljong
1,5 kg/3lbs benfri fläskaxel l
salt och nymalen svartpeppar
½-1 paket tacokrydda
8 tacos eller mjöltortillas
strimlad sallad, tärnad tomat, tärnad eller mosad avokado och gräddfil

Lägg buljongen i långsamkokaren. Strö lätt över fläsket med salt och peppar och lägg i långsamkokaren. Täck över och koka på låg i 7-8 timmar. Ta bort fläsket och strimla köttet.

Kasta det strimlade fläsket med tacokrydda, tillsätt tillräckligt med fond för att fukta. Servera i varma tacos eller mjöltortillas med strimlad sallad, hackad tomat och avokado och gräddfil.

Fläskkotletter Med Selleri

Njut av bekvämligheten med konserverad soppa för att göra en läcker dipp till fläskkotletter.

Serverar 4

4 benfria fläskkotletter, ca 100 g/4 oz vardera
1 tsk torkad timjan
salt och nymalen svartpeppar efter smak
1 liten lök, halverad och skivad
4 vårlökar, tunt skivade
1 liten selleristav, skivad
Burk med 300 g/11 oz Cream of Cellery
120ml/4 fl oz lättmjölk

Strö fläskkotletterna med timjan, salt och peppar. Lägg i den långsamma kokaren, tillsätt lök och selleri. Häll över den kombinerade soppan och mjölken. Täck över och koka på låg i 4-5 timmar.

Portabella fläskkotletter

Portabella-svampar är stora och har silkeslen, brun hud. Om du föredrar, använd andra stängda svampar.

Serverar 4

4 benfria fläskkotletter, ca 100 g/4 oz vardera
1 tsk torkad timjan
salt och nymalen svartpeppar efter smak
100 g/4 oz portabellasvamp, hackad
Burk med 300 g/11 oz gräddsvampsoppa
120ml/4 fl oz lättmjölk

Strö fläskkotletterna med timjan, salt och peppar. Placera i den långsamma kokaren, tillsätt svampen. Häll över den kombinerade soppan och mjölken. Täck över och koka på låg i 4-5 timmar.

Fläskkotletter med aprikossås och hoisin

Den enklaste middagen, slow cooker-stil! Servera över ris, om så önskas.

Serverar 6

6 benfria fläskkotletter, ca 100 g/4 oz vardera

salt och nymalen svartpeppar efter smak

50 ml kycklingbuljong

150 g/5 oz aprikossylt

3 msk hoisinsås

2-3 teskedar majsstärkelse

2 msk färsk koriander eller finhackad persilja

Strö fläskkotletterna mycket lätt med salt och peppar och lägg i långsamkokaren. Tillsätt buljongen. Täck över och koka på svag värme tills revbenen är mjuka, ca 3 timmar. Ta bort revbenen och håll dem varma. Sätt på lågan och koka i 10 minuter. Rör ner de återstående kombinerade ingredienserna i buljongen, rör om i 2 till 3 minuter. Servera såsen på fläskkotletterna.

Fläskkotletter med salvia

Salvian är ett perfekt komplement till fläsket och senapen ger en kryddig twist.

Serverar 4

4 benfria fläskkotletter (ca 100 g/4 oz vardera)

½ lök, hackad

10 ml/2 teskedar torkad salvia

120 ml/4 fl oz kycklingbuljong

120ml/4 fl oz torrt vitt vin eller extra kycklingfond

1 matsked majsstärkelse

2 skedar honung

2 matskedar vatten

1-2 matskedar dijonsenap

1-2 matskedar citronsaft

salt och nymalen svartpeppar efter smak

Kombinera fläskkotletter, lök, salvia, buljong och vin i långsamkokaren. Täck över och koka på låg värme tills revbenen är mjuka, 3 till 4 timmar. Ta bort revbenen och håll dem varma. Sätt på elden för fullt. Blanda ner majsmjöl, honung och vatten i buljongen. Koka utan lock tills safterna har en konsistens som en tunn sås, cirka 5 minuter. Smaka av med senap, citronsaft, salt och peppar.

Fläsk med katrinplommon

Katrinplommon kan tyckas vara ett överraskande tillskott, men de ger en fantastiskt rik dimension till såsen.

Serverar 6-8

900 g benfri sidfläsk, tärnad (4 cm/1½ tum)
225 g/8 oz urkärnade katrinplommon
375 ml kycklingbuljong
120ml/4 fl oz torrt vitt vin eller extra kycklingfond
rivet skal av 1 citron
2 matskedar majsstärkelse
50 ml kallt vatten
1-2 tsk citronsaft
salt och nymalen svartpeppar efter smak
225 g ris eller couscous, kokt, varmt

Kombinera alla ingredienser, utom majsstärkelse, vatten, citronsaft, salt, peppar och ris eller couscous, i långsam kokare.

Täck över och koka på låg i 6-8 timmar. Sätt på lågan och koka i 10 minuter. Rör ner det kombinerade majsmjölet och vattnet under omrörning i 2 till 3 minuter. Smaka av med citronsaft, salt och peppar. Servera över ris eller couscous.

Fläsk med päron och aprikoser

Precis som med förra receptet är det här jättegott skedad över ris, men fungerar riktigt bra med couscous också. Om du vill kan du även tillsätta lite citronsaft till den färdiga rätten.

Serverar 6-8

900 g benfri sidfläsk, tärnad (4 cm/1½ tum)
100 g/4 oz torkade päron
100 g/4 oz torkade aprikoser
375 ml kycklingbuljong
120ml/4 fl oz torrt vitt vin eller extra kycklingfond
2 matskedar rivet apelsinskal
2 matskedar majsstärkelse
50 ml apelsinjuice
salt och nymalen svartpeppar efter smak

Kombinera alla ingredienser, utom majsstärkelse, apelsinjuice, salt och peppar, i långsam kokare. Täck över och koka på låg i 6-8 timmar. Sätt på lågan och koka i 10 minuter. Blanda i majsmjöl och apelsinjuice, rör om i 2 till 3 minuter. Krydda med salt och peppar.

Fläsk i bondestil med plommonsås

Plommonsåsen och honungen gör dessa biffar söta att äta! Om så önskas kan de brynas under grillen innan servering.

Serverar 4

4 fläskbiffar, cirka 600 g/1 lb 6 oz totalvikt
200 g plommonsås
100g/4oz honung
1 matsked sojasås
2 matskedar majsstärkelse
50 ml apelsinjuice
salt och nymalen svartpeppar efter smak

Ordna biffarna i långsamkokaren. Häll den kombinerade plommonsåsen, honungen och sojasåsen över biffarna. Täck över och koka på låg i 6-8 timmar. Ta upp biffarna på ett fat. Hålla varm. Sätt på lågan och koka i 10 minuter. Blanda i majsmjöl och apelsinjuice, rör om i 2 till 3 minuter. Krydda och servera såsen över biffarna.

Apelsin skinka och honung

Denna lättlagade skinka är delikat smaksatt med apelsin och honung.

Serverar 8-10

1,5 kg benfri rökt skinka 1,5
75 ml/2½ fl oz apelsinjuice
75 ml/2½ fl oz honung
½ tsk mald kryddnejlika
1½ msk majsstärkelse
50 ml kallt vatten
2 matskedar torr sherry (valfritt)

Placera en kötttermometer i skinkan så att spetsen är nära mitten. Lägg i långsamkokaren. Tillsätt apelsinjuice, honung och kryddnejlika. Täck över och koka på låg värme tills temperaturen når 68ºC, cirka 3 timmar. Lägg över skinkan på en tallrik och håll den varm.

Mät upp 375 ml/13 fl oz fond i en kastrull och låt koka upp. Kombinera majsmjöl, vatten och sherry, rör om tills det tjocknat, cirka 1 minut. Servera såsen på skinkan.

Fläsk Ragout Och Pumpa

Hälsosamt vitlöksbröd smakar gott med denna rejäla gryta.

Serverar 4

450 g benfri sidfläsk, i tärningar (2 cm)
2 burkar med 400 g/14 oz hackade tomater
400 g/14 oz burk röda kidneybönor, avrunna och sköljda
175 g/6 oz butternut eller annan vintersquash, skalad och tärnad
3 lökar, hackade
1½ grön paprika, hackad
2 vitöksklyftor, gärna rostade, krossade
2 tsk torkad italiensk örtkrydda
salt och nymalen svartpeppar efter smak
Hälsosamt vitlöksbröd (se nedan)

Kombinera alla ingredienser, utom salt, peppar och nyttigt vitlöksbröd, i långsamkokaren. Täck över och koka på låg i 6-8 timmar. Krydda med salt och peppar. Servera med nyttigt vitlöksbröd.

Hälsosamt vitlöksbröd

Prova detta magra vitlöksbröd.

Serverar 4

4 tjocka baguette- eller ciabattaskivor
olivolja matlagning spray
2 vitlöksklyftor, halverade

Spraya båda sidorna av brödet generöst med matlagningsspray. Grilla tills de fått färg, ca 1 minut per sida. Gnid in båda sidorna av den varma toasten med de skurna sidorna av vitlöken.

Fläsk med paprika och zucchini

Denna soliga kombination av fläsk och grönsaker kan serveras över pasta.

Serverar 4

450 g/1 lb fläskfilé eller benfri fläskfilé, tärnad (2,5 cm/1 tum)

225 g/8 oz färdig tomatsås

120 ml/4 fl oz kycklingbuljong

3 matskedar torr sherry (valfritt)

1 röd paprika, skivad

1 grön paprika, skivad

1 stor lök, hackad

1 vitlöksklyfta, krossad

¾ tesked torkad basilika

¾ tesked torkad timjan

1 lagerblad

1 zucchini, skivad

1 matsked majsstärkelse

2 matskedar kallt vatten

salt och nymalen svartpeppar efter smak

225 g/8 oz fusilli, kokt, varm

Kombinera alla ingredienser, utom zucchini, majsstärkelse, vatten, salt, peppar och fusilli, i långsam kokare. Täck över och koka på låg värme i 6-8 timmar, tillsätt zucchini de sista 30 minuterna. Rör ner det kombinerade majsmjölet och vattnet under omrörning i 2 till 3 minuter. Kasta lagerbladet. Krydda med salt och peppar. Servera över fusillien.

Fläsk med kronärtskockor och vita bönor

En hint av apelsin med aromatisk rosmarin lägger till dessa toskanska smaker.

Serverar 6

700 g benfri sidfläsk, i tärningar (2 cm)
Burk med 400 g/14 oz hackade tomater
400 g/14 oz burk cannellini eller cannellini bönor, avrunna och sköljda
150 ml/¼ pint kycklingfond
2 vitlöksklyftor, krossade
1 tsk torkad rosmarin
1 tsk rivet apelsinskal
400 g/14 oz burk kronärtskockshjärtan, avrunna, sköljda och delade
1 matsked majsstärkelse
2 matskedar kallt vatten
salt och nymalen svartpeppar

Kombinera alla ingredienser, utom kronärtskockor, majsstärkelse, vatten, salt och peppar, i långsam kokare. Täck över och koka på låg värme i 6-8 timmar, tillsätt kronärtskockshjärtan de sista 30 minuterna. Sätt på lågan och koka i 10 minuter. Rör ner det kombinerade majsmjölet och vattnet under omrörning i 2 till 3 minuter. Krydda med salt och peppar.

Peppar fläsk i vitt vin

Den tärnade benfria sidfläsket kan ersättas med filén.

Serverar 4

450 g skivad fläskfilé (1 cm)
250 ml/8 fl oz nötköttsbuljong
120 ml torrt vitt vin
1 lök, finhackad
½ röd paprika, hackad
1 vitlöksklyfta, krossad
2 tsk finmalda pepparkorn
1 matsked rödvinsvinäger
1 matsked majsstärkelse
2 matskedar kallt vatten
salt och nymalen svartpeppar
15 g färsk gräslök eller persilja, finhackad

Kombinera alla ingredienser, utom vinäger, majsstärkelse, vatten, salt, peppar och gräslök i långsamkokaren. Täck över och koka på låg i 6-8 timmar. Blanda den kombinerade vinägern, majsstärkelsen och vattnet under omrörning i 2 till 3 minuter. Krydda med salt och peppar. Strö över gräslöken.

Österrikiskt fläsk med äpplen och tranbärssås

Njut av detta medley av magert fläsk och timjanfrukt.

Serverar 4

450 g benfri sidfläsk, i tärningar (2 cm)
200 g tranbärssås från burk
200 ml/7 fl oz kycklingbuljong
2 lökar, hackade
2 stora matlagningsäpplen, skalade, urkärnade och tunt skivade
1 msk Worcestershiresås
1 msk cidervinäger
1 matsked farinsocker
½ tsk torkad timjan
salt och nymalen svartpeppar efter smak
225 g äggnudlar, kokta, varma

Kombinera alla ingredienser, utom salt, peppar och pasta, i långsamkokaren. Täck över och koka på låg i 6-8 timmar. Krydda med salt och peppar. Servera över nudlarna.

Fläsk Ragout Med Apelsin

Den varma smaken av kryddnejlika passar perfekt med apelsinen i denna fläsk- och peppargryta.

Serverar 4

Benfri fläskkarré 450 g/1 lb, i tärningar (2,5 cm/1 tum)
250 ml/8 fl oz kycklingbuljong
250 ml/8 fl oz apelsinjuice
2 lökar, skivade
1 röd paprika, skivad
1 grön paprika, skivad
2 teskedar socker
1 tsk torkad timjan
¼ tesked mald kryddnejlika
2 matskedar majsstärkelse
50 ml kallt vatten
salt och nymalen svartpeppar efter smak
175 g/6 oz vitt eller brunt ris, kokt, varmt

Kombinera alla ingredienser, utom majsstärkelse, vatten, salt, peppar och ris, i långsam kokare. Täck över och koka på låg i 6-8 timmar. Sätt på lågan och koka i 10 minuter. Rör ner det kombinerade majsmjölet och vattnet under omrörning i 2 till 3 minuter. Krydda med salt och peppar. Servera över riset.

Grillat fläsk

En snabb cider barbecuesås är en välsmakande grund för äpplen med spiskummin, grönkål och fläsk.

Serverar 4

450 g benfri sidfläsk, i tärningar (2 cm)
375 ml/13 fl oz cider eller äppeljuice
225 g/8 oz barbecuesås för matlagning
450 g tunt skivad kål
1 medelstor lök, grovt hackad
1 stort syrligt äpple, skalat och grovt hackat
1 tsk malda spiskumminfrön
1 matsked majsstärkelse
3 matskedar kallt vatten
salt och nymalen svartpeppar efter smak
225 g nudlar, kokta, varma

Kombinera alla ingredienser, utom majsstärkelse, vatten, salt, peppar och nudlar, i långsamkokaren. Täck över och koka på låg i 6-8 timmar. Sätt på lågan och koka i 10 minuter. Rör ner det kombinerade majsmjölet och vattnet under omrörning i 2 till 3 minuter. Krydda med salt och peppar. Servera över nudlarna.

Fläskkarré med Gremolata

Gremolata läggs till bordet för att ge en fräsch panache till fläsk tillagad med tomater.

Serverar 4

Benfri fläskkarré 450 g/1 lb, i tärningar (2,5 cm/1 tum)
250 ml/8 fl oz nötköttsbuljong
400 g/14 oz burk hackade tomater, odränerade
2 potatisar, tärnade
4 schalottenlök, tunt skivade
2 vitlöksklyftor, krossade
1 tsk torkad timjan
1½ msk majsstärkelse
50 ml kallt vatten
salt och nymalen svartpeppar efter smak
Gremolata (se nedan)

Kombinera alla ingredienser, utom majsstärkelse, vatten, salt, peppar och Gremolata, i långsam kokare. Täck över och koka på låg i 6-8 timmar. Sätt på lågan och koka köttet i 10 minuter. Rör ner det kombinerade majsmjölet och vattnet under omrörning i 2 till 3 minuter. Krydda med salt och peppar. Passera Gremolata för att tjockna varje portion.

Gremolata

Gremolata är en uppfriskande blandning av vitlök, citronskal och persilja som passar utmärkt till rikt kött.

För 4 personer, som ackompanjemang

25 g/1 oz kvistar färsk persilja
1-2 matskedar rivet citronskal
4 stora vitlöksklyftor, krossade

Bearbeta alla ingredienser i en matberedare eller mixer tills de är fint hackade.

Kantonesiskt fläsk

Du kan ersätta magert nötkött eller kycklingbröstfiléer utan skinn i denna sötsyrliga gryta.

Serverar 6

700 g mager fläskbiff, skuren i tunna strimlor
225 g/8 oz färdig tomatsås
1 lök, skivad
1 liten röd paprika, skivad
65 g svamp, skivad
3 matskedar farinsocker
1½ msk cidervinäger
2 tsk Worcestershiresås
1 msk torr sherry (valfritt)
90 g ananasbitar
65 g/2½ oz zucchini, halverad
2 matskedar majsstärkelse
50 ml kallt vatten
salt och nymalen svartpeppar efter smak
175 g/6 oz ris, kokt, varmt

Kombinera alla ingredienser, utom ananasbitar, snöärtor, majsstärkelse, vatten, salt, peppar och ris, i långsam kokare. Täck över och koka på låg värme i 6-8 timmar, tillsätt ananas och zucchini under de sista 15 minuterna. Sätt på lågan och koka i 10 minuter. Rör i det kombinerade majsmjölet och vattnet, rör om tills det tjocknat, 2 till 3 minuter. Krydda med salt och peppar. Servera över riset.

Gyllene curry fläsk

Ljust färgat kubanskt ris kompletterar denna aubergine-, squash-, kikärts- och fläskrätt perfekt.

Serverar 6

450 g fläskfilé i tärningar (2 cm)

400 g/14 oz burk kikärter, avrunna och sköljda

2 burkar med 400 g/14 oz hackade tomater

1 liten aubergine, tärnad (2,5 cm)

1 lök, skivad

½ grön paprika, hackad

1 st selleri, finhackad

2 vitlöksklyftor, krossade

½ tsk mald kanel

½ tesked färsk riven muskotnöt

½ tsk currypulver

½ tsk malen spiskummin

en nypa cayennepeppar

1 zucchini, tärnad

175 g butternut squash i tärningar

1-2 matskedar majsstärkelse

50 ml kallt vatten

salt och nymalen svartpeppar efter smak

Kubanskt ris

3 matskedar russin

3 matskedar rostade flingad mandel

Blanda alla ingredienser utom zucchini, squash, majsstärkelse, vatten, salt, peppar, kubanskt ris, russin och mandel i en 5,5 liter långkokare. Täck över och koka på hög värme i 4-5 timmar, tillsätt zucchinin och squashen de sista 20 minuterna. Rör ner det kombinerade majsmjölet och vattnet under omrörning i 2 till 3 minuter. Krydda med salt och peppar. Servera över kubanskt ris och strö över russin och mandel.

Karibiskt fläsk med ingefära och bönor

Färsk rot ingefära accentuerar smakkontraster i denna färgglada rätt.

Serverar 6

12–450 g/1 lb mager sidfläsk, i tärningar

120 ml/4 fl oz kycklingbuljong

120 ml/4 fl oz apelsinjuice

400 g/14 oz burk svarta bönor, avrunna och sköljda

400 g/14 oz svartögda ärtor, avrunna och sköljda

2 lökar, hackade

1 röd paprika, hackad

2 vitlöksklyftor, krossade

2 tsk finhackad jalapeño eller annan medelvarm peppar

2,5 cm/1 bit färsk ingefära, fint riven

½ tsk torkad timjan

75 g/3 oz okra, skalad och skuren i bitar

75 g/3 oz apelsinmarmelad

300 g/11 oz mandarinklyftor, avrunna

salt och nymalen svartpeppar efter smak

175 g/6 oz brunt eller vitt ris, kokt, varmt

Kombinera alla ingredienser, utom okra, sylt, apelsinskivor, salt, peppar och ris, i långsam kokare. Täck över och koka på låg värme i 6-8 timmar, tillsätt okra och sylt under de sista 30 minuterna. Rör ner apelsinsklyftorna och smaka av med salt och peppar. Servera över riset.

www.ingramcontent.com/pod-product-compliance
Lightning Source LLC
Chambersburg PA
CBHW050351120526
44590CB00015B/1647